Ich will kein Kind

Sonja Siegert, geb. 1974, ist Journalistin und Lektorin. Sie studierte Philosophie und Politikwissenschaft. Bis 2008 war sie Lektorin und Redakteurin beim Mabuse-Verlag, danach Redakteurin für das Portal *Gesundheits information.de* und arbeitet jetzt als Referentin für die Bundeszentrale für gesundheitliche Aufklärung. Sie lebt mit ihrem Freund, der sich ebenfalls keine Kinder wünscht, in Köln. *www.sonja-siegert.de*

Anja Uhling, geb. 1963, ist Journalistin und Mitarbeiterin in einer medizinrechtlichen Anwaltskanzlei. Sie studierte Germanistik und Geschichte und arbeitete als Lektorin und Redakteurin, unter anderem 1995-2005 bei der Zeitschrift *Dr. med. Mabuse*. Sie lebt mit ihrem Freund, der zwei erwachsene Stieftöchter hat, in Frankfurt am Main.

Die Internetseite zum Buch: *www.ichwillkeinkind.de*

Sonja Siegert, Anja Uhling

Ich will kein Kind

Dreizehn Geschichten über eine unpopuläre Entscheidung

Mabuse-Verlag
Frankfurt am Main

Bibliografische Information der Deutschen Nationalbibliothek

Die Deutsche Nationalbibliothek verzeichnet diese Publikation in der Deutschen Nationalbibliografie; detaillierte bibliografische Angaben sind im Internet unter http://dnb.d-nb.de abrufbar.

Informationen zu unserem gesamten Programm, unseren AutorInnen und zum Verlag finden Sie unter: www.mabuse-verlag.de.

Wenn Sie unseren Newsletter zu aktuellen Neuerscheinungen und anderen Neuigkeiten abonnieren möchten, schicken Sie einfach eine E-Mail mit dem Vermerk „Newsletter“ an: online@mabuse-verlag.de.

Kasseler Straße 1a
60486 Frankfurt am Main
Tel.: 069-70 79 96-13
Fax: 069-70 41 52
verlag@mabuse-verlag.de
www.mabuse-verlag.de
www.facebook.com/mabuseverlag

Lektorat: Katharina Budych, Springe
Satz: Tischewski & Tischewski, Marburg
Umschlaggestaltung: Karin Dienst, Frankfurt am Main
Umschlagfoto: © plainpicture / Kniel Synnatzschke

Druck: fgb • freiburger graphische betriebe, Freiburg i. Br.
ISBN: 978-3-86321-131-8
Printed in Germany

Inhalt

Vorwort

„Ich möchte keine Kinder haben."

Dieser Satz ist ganz einfach. Harmlos ist er nicht. Wer ihn schon einmal geäußert hat – im Freundes- oder Kollegenkreis, den eigenen Eltern gegenüber, in der Liebesbeziehung –, weiß, welche Sprengkraft sich in ihm verbergen kann.

Einigen Menschen ohne Kinderwunsch, die den Satz aussprechen, begegnen Verständnis und Interesse. Viele aber, Frauen mehr als Männer, berichten von Wut und Aggression, von Vorwürfen und Unterstellungen, Neid und Argwohn: „Du willst es dir also leicht machen ... Was glaubst du eigentlich, wer später mal deine Rente zahlt? ... Du bist schuld an der demografischen Katastrophe ... Du wirst im Alter einsam sein ... Euch sind Geld und Karriere also wichtiger ... Du hasst Kinder ... Du weißt nicht, was du verpasst! ... Das kommt schon noch."

Aber wieso wollen eigentlich manche Menschen keine eigenen Kinder? Sind sie wirklich alle gefühlskalte Egoisten, die nur ein möglichst großes Stück vom Kuchen für sich behalten wollen? Das lassen jedenfalls die Äußerungen einiger prominenter PolitikerInnen vermuten. Nur die halbe Rente für Kinderlose, forderte Angela Merkel im Jahr 2003. Noch drohen Menschen ohne Kinder keine derartigen Sanktionen, auch wenn sie jetzt schon mehr Steuern und Sozialversicherungsbeiträge zahlen – aber Rufe wie der von Frau Merkel fangen an, lauter zu werden.

„Eine Absage an Kinder ist eine Absage an das Leben", verkündete gar Otto Schily während seiner Zeit als Innenminister.[1] Geht es nicht noch dramatischer?

Was Frauen und Männer uns erzählt haben

Die Menschen, die sich keine Kinder wünschen, kommen in den aktuellen Debatten um sinkende Geburtenzahlen kaum zu Wort. Das ist erstaunlich. Sicher, sie sind in der Minderheit – die meisten Menschen in Deutschland wünschen sich, mit Kindern zu leben. Doch immerhin möchten 23 Prozent der Männer und 15 Prozent der Frauen in Deutschland freiwillig kinderlos bleiben.[2]

Dieser unbekannten Spezies wollen wir eine Stimme geben. Deshalb haben wir Menschen in unterschiedlichen Lebenssituationen befragt, die sich keine Kinder wünschen – ältere und jüngere, Männer und Frauen, in Partnerschaft oder solo lebende, Heterosexuelle, Schwule und Lesben.

Wir fragten: Wie leben sie, was ist ihnen wichtig? Wieso haben sie sich gegen Kinder entschieden? Fühlen sie sich mit dieser Entscheidung in ihrem Umfeld akzeptiert? Oder begegnen ihnen Vorwürfe und Unterstellungen? Erleben sie Druck von Verwandten, FreundInnen oder KollegInnen? Wie nehmen sie die Rolle der Medien wahr? Wie antworten sie darauf? Was wünschen sie sich von der Gesellschaft?

Jede Geschichte ist anders, und jedeR unserer GesprächspartnerInnen hat seine eigenen, unverwechsel-

1 Bundesministerium des Innern: Presseerklärung: Die Deutschen wollen immer weniger Kinder, 02.05.2005.

2 Bundesinstitut für Bevölkerungsforschung/Höhn, Charlotte/Ette, Andreas/Ruckdeschel, Kerstin: Kinderwünsche in Deutschland. Konsequenzen für eine nachhaltige Familienpolitik. Robert Bosch Stiftung, Stuttgart 2006, S. 20. *http://www.bosch-stiftung.de/content/language1/downloads/Kinderwunsch.pdf*

baren Meinungen und Gründe, wieso sie oder er keine Kinder haben möchte.[3]

Miriam sagt von sich, sie habe schon mit 14 gewusst, dass sie keine Kinder haben wird: „Ich habe das Gefühl, dass das in meinem Lebensplan nicht vorgesehen ist. Ich könnte mir vorstellen, dass das schon so mit mir auf die Welt gekommen ist." Tanja findet: „Ich muss mich nicht reproduzieren. Ich halte es für größenwahnsinnig, zu sagen: ‚Ich muss unbedingt einen Teil von mir in die Welt setzen.'" Susanne meint trocken: „Die schönen Erfahrungen mit Kindern haben nie dazu geführt, dass ich unbedingt ein eigenes Kind wollte."

Es gibt auch Gründe, die mit den jeweiligen Lebensbedingungen zu tun haben: Gudrun hatte klar vor Augen, dass sie sich mit einem Kind finanziell stark von einem Mann abhängig gemacht hätte – jedenfalls so, wie vor dreißig Jahren in Westdeutschland die Kinderbetreuung aussah. In dieser Abhängigkeit hätte sie nie leben wollen. Claudia hatte eine sehr schwierige Kindheit, in der sie Gewalt und Einsamkeit erlebt hat, und ist sich sicher, sie hätte kein Kind heil großkriegen können.

Vielen unserer GesprächspartnerInnen ist auch wichtig, sich für eine lebenswerte Welt aktiv einzusetzen: Für Ulrich haben die Überbevölkerung und Ressourcenknappheit bei der Entscheidung gegen Kinder eine große Rolle gespielt. Thomas kann mit Kindern überhaupt nichts anfangen, sondern will sich unter anderem lieber politisch engagieren. Hannah will Zeit und Energie für ihre FreundInnen und ihren Partner haben

3 Nicht alle Gespräche, die wir geführt haben, konnten in diesem Buch Platz finden. Die nicht gedruckten sind teilweise online unter *www.ichwillkeinkind.de* nachzulesen.

und sich beruflich für eine Veränderung der Gesellschaft einsetzen – sie weiß, dass sie Vieles von dem, was sie für andere tut, mit Kindern nicht mehr könnte. Auch Eva hat in ihrem intensiven Berufsleben vor allem für die Verbesserung der Lebensbedingungen der Menschen in Afrika gearbeitet und weiß, dass das mit Kindern nicht gegangen wäre. Sie sagt: „Eigentlich finde ich mich nicht egoistisch."

Viele Menschen, mit denen wir sprachen, haben intensive Beziehungen zu Kindern – entweder kümmern sie sich beruflich mit viel Herzblut um sie oder sie ziehen die Kinder ihrer Partner mit auf, sorgen für Geschwister mit Behinderungen, sind leidenschaftliche Tanten und Onkel oder kümmern sich um die Kinder ihrer FreundInnen. Eva hat jede Menge Freundinnen, die eine Generation jünger sind als sie und deren Leben sie begleitet.

Fast alle unserer InterviewpartnerInnen haben schon mal gehört: „Du weißt nicht, was du verpasst!" – und auf fast niemanden trifft das zu. Sie wissen sehr wohl, wie schön und unschön es mit Kindern sein kann. Luise ist geradezu verliebt in jedes Kleinkind, guckt jedem Baby hinterher, kümmert sich rührend um die Kinder ihrer Freundinnen – und wollte trotzdem nie ein eigenes.

So verschieden die Menschen und ihre Motive sind, eines haben wir oft gehört: dass die Entscheidung gegen Kinder auch aus einem großen Verantwortungsbewusstsein heraus gefallen ist. Alle GesprächspartnerInnen legen Wert darauf, dass jedes Kind ein Recht darauf hat, wirklich gewollt zu sein, und fast alle halten es für einen Skandal, dass so viele Kinder in unserer Gesellschaft zu wenig Förderung und Aufmerksamkeit bekommen.

Luise erzählt uns nach dem Interview noch, sie sei ganz sicher, dass viele Eltern früher gar nicht wirklich Kinder gewollt hätten, sondern sie eher wegen fehlender Verhütungsmittel bekamen oder weil es kein alternatives Lebensmodell für Frauen gab. Sie findet es gar nicht schlecht, dass Kinder heutzutage für viele Menschen „ein Projekt" sind, auf das man sich gut vorbereitet und für dessen Umsetzung man sich viel Zeit nimmt.

Und tatsächlich bekommen die Kinder, die heute in Deutschland auf die Welt kommen, durchschnittlich viel mehr Liebe als früher: So berichtet der Kriminologe Christian Pfeiffer: „Seit 1992 hat sich der Anteil der einheimischen Deutschen, die zu Hause völlig gewaltfrei aufgewachsen sind, von 26,4 auf 52,1 Prozent fast verdoppelt. […] Außerdem haben alle von uns gemessenen Formen elterlicher Zuwendung zugenommen."[4]

Warum wir dieses Buch lieber nicht geschrieben hätten

Ein Kinderwunsch muss heute im Allgemeinen nicht begründet werden – das Nichtvorhandensein dieses Wunsches aber sehr wohl. Das wird hinterfragt, es wird psychologisiert, es gilt als „heilbar" durch gutes Zureden, durch schlichtes Älterwerden und durch ungefragtes Kinder-in-den-Arm-Drücken. Schon in der Frage: „Warum willst du denn kein Kind?" kann eine gewisse Aggression stecken, weil niemand eine Schwangere fragen würde: „Warum willst du denn ein Kind?", im Ge-

4 Christian Pfeiffer: Wandel der Kindererziehung in Deutschland. Mehr Liebe, weniger Hiebe. In: Süddeutsche Zeitung vom 15.01.2012, *http://www.sueddeutsche.de/politik/wandel-der-kindererziehung-in-deutschland-mehr-liebe-weniger-hiebe-1.1258028*

genteil, das gälte als taktlos und absurd. Rechtfertigen müssen sich die Kinderfreien, nicht die anderen.

Diesen Rechtfertigungsdruck finden wir falsch. Es sollte genauso normal sein, keine Kinder zu wollen, wie unbedingt Eltern werden zu wollen. Viele unserer GesprächspartnerInnen berichten, dass sie oft unangenehm angegangen worden sind. Ruth zum Beispiel fühlt sich von der Frage, warum sie denn immer noch kein Kind hat, oft belästigt: „Das ist so eine private, persönliche Frage, das ist sehr unverschämt."

Und wir? Wir machen mit diesem Buch genau das, was wir für falsch halten: Wir fragen nur die Menschen ohne Kinderwunsch nach ihren Gründen, keine Kinder zu wollen. Sie mussten sich also sozusagen vor uns rechtfertigen. Das ist doch paradox. Wieso tun wir das? Nun, vor allem, weil wir es satt haben, dass so oft *über* Menschen ohne Kinderwunsch gesprochen wird, aber höchst selten *mit* ihnen. Deshalb war es uns so wichtig, sie selbst, ihre Ziele und Wünsche und eben auch ihre Gründe gegen ein Leben mit Kindern darzustellen. Alle Interviewten haben unsere Gespräche glücklicherweise zu keinem Zeitpunkt als anstrengende Rechtfertigung verstanden, sondern waren im Gegenteil sehr froh und teilweise erleichtert, ihre Sicht der Dinge einmal in Ruhe darstellen zu können.

Nebenbei: Wenn man schon nach Gründen fragt, wäre es vielleicht lohnenswert, auch nach den Motiven von Eltern zu forschen. Immerhin setzen sie abhängige kleine Menschen in die Welt, die ihnen auf Gedeih und Verderb ausgesetzt sind. Was ist ein Kinderwunsch anderes als – egoistisch? Menschen möchten so leben, wie es ihnen Freude macht, in diesem Falle mit Kindern. Sie möchten „eigene Kinder“, empfinden Kinder als „Bereicherung“ ihres Lebens – nicht gerade altruistische Vokabeln. Sie möchten sich in ihren Kindern verewigen. Sie haben einen Wunsch und setzen ihn um.

Wir kennen Eltern, die ihre kaputte Herkunftsfamilie durch eine eigene Familie wieder heil machen wollen; Frauen, die sich von einem Kind erhoffen, aus ihrer Einsamkeit erlöst zu werden und endlich eine stabile Beziehung hinzubekommen; Männer, die den Wunsch nach einem „Stammhalter“ über alle anderen Ziele und Bedürfnisse auch ihrer Partnerin stellen; Frauen, für die ein eigenes Kind dafür steht, endlich als „richtige Frau“ anerkannt zu werden. Und natürlich kennen wir auch viele Eltern, die schlicht und einfach Freude am Leben mit Kindern haben, sie lieben und fördern und sich ein Leben ohne sie nicht vorstellen können.

Die Gründe für Kinder sind so vielschichtig und legitim wie die gegen Kinder. Warum werden nur die gegen Kinder hinterfragt? Es gibt nichts zu verteidigen oder zu erklären, wenn man kein Kind will. Es gilt nur, zuzuhören und zu akzeptieren, dass es viele gute Gründe gibt, keine Kinder zu wollen, und viele Wege, ein erfülltes Leben ohne Kind zu führen. Die Gründe und Lebenswege sind so verschieden wie die Menschen. Einige von ihnen stellen wir mit den folgenden Porträts vor.

Ein paar Fakten

Gibt es eine „demografische Katastrophe" – und sind die Kinderlosen daran schuld?

Dass eine sinkende Bevölkerungszahl in Deutschland schlecht sei, geistert immer wieder durch Medien und politische Debatten. Dabei spricht einiges dafür, dass es sehr gut ist, wenn nicht alle Menschen Kinder bekommen:

1. Die letzte Frauengeneration, die ausreichend Kinder geboren hat, um die Elterngeneration zu ersetzen, waren die Frauen der Geburtsjahrgänge 1880/1881.[1] Dennoch ist der allgemeine Lebensstandard in Deutschland seit dieser Zeit extrem gestiegen. Wohlstand, Solidarsysteme, Fürsorge für Hilfebedürftige haben also offenkundig mit der Fortpflanzung nichts zu tun. Im Gegenteil: Eine weltweite Untersuchung ergab, dass das Wachstum zurückgeht, wenn die Geburtenraten steigen.[2] Eine wirtschaftlich sehr produktive Gesellschaft ist immer relativ unproduktiv, was den Nachwuchs angeht.

2. „Staaten sind friedlicher, wenn viele Frauen in ihren Parlamenten vertreten sind und schon lange das Wahlrecht haben, wenn ein hoher Prozentsatz von ihnen

1 Vgl. die äußerst lesenwerte Studie von Lena Correll: Anrufungen zur Mutterschaft. Eine wissenssoziologische Untersuchung von Kinderlosigkeit. Verlag Westfälisches Dampfboot, Münster 2010, S. 42. Dazu die Zahlen des Bundesinstituts für Bevölkerungsforschung: *http://www.bib-demografie.de/DE/DatenundBefunde/06/Abbildungen/a_06_10_endg_kinderzahl_geburtsjahrgaenge_1865_1965_d_2010.html?nn=3073508.*

2 Nach Karl Otto Hondrich: Weniger sind mehr. Warum der Geburtenrückgang ein Glücksfall für unsere Gesellschaft ist. Campus Verlag, Frankfurt am Main 2007, S. 42. Hondrich bezieht sich auf die Studie von Robert Barro und Xavier Sala-i-Martin: Economic Growth, Cambridge (Mass.)/London 1999.

bezahlt arbeitet *und die Geburtenrate niedrig ist.*“[3] Ein wichtiger Beitrag zu einer friedlichen Gesellschaft ist der freie Zugang zu Verhütungsmitteln, aber auch die Möglichkeit des Schwangerschaftsabbruchs. Zum Beispiel lässt sich die seit Anfang der 1990er Jahre drastisch gesunkene Kriminalitätsrate in den USA damit erklären, dass 1973 mit dem berühmten Gerichtsurteil „Roe v. Wade“ Schwangerschaftsabbrüche erstmals legal und breit verfügbar wurden. Statistiken zeigen, dass vor allem junge, arme, allein lebende Frauen das Recht auf Abtreibung verstärkt in Anspruch nahmen. Ab da kamen deutlich weniger ungewollte, arme, vernachlässigte Kinder auf die Welt – was sich knapp 20 Jahre später in einer stark gesunkenen Kriminalitätsrate jugendlicher Männer zeigte.[4]

3. Warum wird ständig der Eindruck erweckt, als schwinde die Bevölkerung in Deutschland und als seien „verblühende Landschaften“ zu erwarten? Das Gegenteil ist der Fall: Die Bevölkerung in Deutschland ist innerhalb der letzten drei Jahrzehnte aufgrund von Zuwanderung

3 Ute Scheub: Mädchen fördern heißt Kriege verhindern. In: Ines Pohl (Hg.): 50 einfache Dinge, die Sie tun können, um die Gesellschaft zu verändern. Westend Verlag, Frankfurt am Main 2011, S. 37. Die Autorin bezieht sich auf eine statistische Analyse der US-Konfliktforscher Caprioli und Boyer von 159 Ländern zwischen 1960 und 1992. Die Ergebnisse, so Scheub, „gelten auch umgekehrt, und zwar unabhängig von anderen Entwicklungsfaktoren: Länder neigen dann zu Kriegen und Bürgerkriegen, wenn sie [...] nur wenig bezahlte Jobs für Frauen und eine hohe Geburtenrate [haben].“ Wir verstehen dieses „wenn“ nicht konditional, sondern temporal – ob und inwiefern das eine die Ursache für das andere ist oder es gemeinsame Ursachen für diese Entwicklungen gibt, können wir nicht beurteilen.

4 Steven D. Levitt & Stephen J. Dubner: Freakonomics. A Rouge Economist explores the Hidden Side of Everything. Penguin Books, London/New York 2005, S. 105ff. Die Autoren zeigen schlüssig, dass andere Faktoren wie die boomende Wirtschaft oder strengere Waffengesetze nicht Ursache der zurückgegangenen Kriminalität sein können.

gewachsen, von 78 auf 82,5 Millionen.[5] Warum wird nicht anerkannt, welche Bereicherung diese zugewanderten Menschen und ihre Kinder sind und was sie leisten?

4. Kinder kosten nicht nur ihre Eltern, sondern auch die Allgemeinheit eine Menge Geld, und zwar bis zum Ende der Ausbildung, das heißt oft fast 30 Jahre lang.[6] Wenn das „Kind" anschließend keine Arbeit findet, kostet es den Staat weiterhin. Wenn dieses „Kind" dann eine Frau ist, die Kinder haben und mit ihnen zu Hause bleiben möchte, wird es auch weiterhin von der Gemeinschaft subventioniert, über Ehegattensplitting, Elterngeld, kostenlose Mitversicherung in der Krankenkasse des Ehemannes usw. Die Kinderlosen finanzieren währenddessen mit ihren höheren Steuern Spielplätze, Kindergärten, Schulen und Universitäten, die von den Kindern der anderen genutzt werden. Und sie zahlen indirekt mit für den kostenlosen oder verbilligten Eintritt von Kindern in fast alle gesellschaftlichen Bereiche, von der Zugfahrt bis zum Theater. Noch dazu richten sich die Kinderlosen im Beruf ständig nach Menschen mit Kindern: Sie arbeiten selbstverständlich Weihnachten und Neujahr, können nicht in den Ferienzeiten in Urlaub fahren, weil

5 Hessischer Rundfunk: Wissenswert. Weniger ist mehr. Die demografische Entwicklung in neuem Licht. Sendung vom 13.04.2007.

6 Spiegel Online berichtet am 20.04.2012: „Derzeit summieren sich die *Leistungen zur Förderung von Familien* auf 122,7 Milliarden Euro. Das *Kindergeld* schlägt mit jährlich 38,6 Milliarden Euro zu Buche. Für Neugeborene wurde 2007 das *Elterngeld* eingeführt. Es wird bis zu 14 Monate lang an Mütter oder Väter gezahlt, die wegen der Betreuung ihres Babys die Erwerbstätigkeit unterbrechen. Relativ neu ist das *Bildungspaket* für arme Kinder. Sie können seit 2011 auf Antrag Zuschüsse zum Mittagessen in Kita oder Schule, zu Klassenfahrten oder Nachhilfeunterricht erhalten. Bis 2013 soll es genügend *Kita-Plätze* für Kinder unter drei Jahren geben. Dafür stellt der Bund vier Milliarden Euro bereit. Der Aufwand des umstrittenen *Betreuungsgelds* für Eltern, die ihre Kinder nicht in eine Kita geben, soll bei mehr als einer Milliarde Euro liegen."

da sämtliche Eltern vorrangig Urlaub bekommen, und sind auch abends und am Wochenende einsatzbereit. Die allermeisten Kinderlosen finden das übrigens völlig in Ordnung – aber sie wollen nicht zusätzlich noch als EgoistInnen und Schmarotzer beschimpft werden, denen ihr Anspruch auf Rente streitig gemacht wird.

Viel wichtiger, als immer noch mehr Kinder in die Welt zu setzen, wäre es deshalb, die Arbeitslosigkeit zu bekämpfen und dafür zu sorgen, dass existenzsichernde, sozialversicherungspflichtige Jobs entstehen – wie man an der Situation im Jahr 2012 sehen konnte: Die Steuereinnahmen sprudelten und in den gesetzlichen Krankenversicherungen waren Überschüsse vorhanden – und dies nicht, weil auf einmal mehr Kinder da gewesen wären, sondern weil mehr Menschen in Arbeit waren und Beiträge zahlen konnten.

5. Eine mittlere Generation, in der alle ausnahmslos Kinder bekommen, wäre gar nicht in der Lage, die Kinder- und die Rentnergeneration zu finanzieren sowie alle Arbeitslosen und Pflegebedürftigen mitzutragen. Es braucht in einer Generation immer die Gleichzeitigkeit von Kinderlosigkeit und Elternschaft, um das Solidarsystem stabil zu halten, weil ansonsten schlichtweg zu viele Kinder auf einmal die Gesellschaft Geld kosten und gleichzeitig zu wenige Menschen die vollen Sätze an Steuern und Sozialabgaben zahlen würden.

6. Der Planet ist überbevölkert; auch die deutschen Kindergärten, Schulen, Universitäten, Großstädte (und Autobahnen) sind überfüllt. Längst nicht alle Menschen auf der Welt haben ausreichend Trinkwasser, Nahrung und Energie zur Verfügung und der Klimawandel ist in vollem Gange. Hinzu kommt: Ein deutsches Kind ver-

braucht ungleich mehr Ressourcen und verursacht viel mehr Umweltschäden als ein Kind in einem technisch weniger entwickelten Land. Wäre es da nicht verantwortungsbewusster, sich mit der Fortpflanzung zurückzuhalten und sich lieber um die Menschen zu kümmern, die schon da sind, ob sie nun deutsch sind oder nicht? Und seine Energie darauf zu verwenden, sich für eine gerechte Verteilung der notwendigen Güter einzusetzen?

7. Kinderlose gab es immer in der Geschichte. Sie hatten stets wichtige Funktionen: Sie sorgten für ihre Eltern, waren Geistliche, Knechte und Mägde, Soldaten, Hausangestellte, kümmerten sich um die Kinder anderer Leute.

Es gibt heute anteilig nicht mehr Kinderlose als in früheren Jahrhunderten, sondern die Zahl schwankte immer stark. Zeitweise waren mehr als ein Drittel der Frauen einer Generation kinderlos. Diese Zahl gibt der Fünfte Familienbericht der Bundesregierung 1994 zum Beispiel für das Jahr 1871 an.

Ein großer Unterschied zu früher: Diejenigen, die sich eigene Kinder wünschen, bekommen heute weniger – aber wohl niemand würde auf die Idee verfallen, diese Eltern deshalb kalt und egoistisch zu nennen. Und niemand würde wohl Eltern, die „nur" zwei Kinder großziehen, sagen: Ihr bekommt nur einen Teil eurer Rente, weil zwei Arbeitende natürlich nicht zwei RentnerInnen finanzieren können, wie man sich leicht ausrechnen kann.

Aus alledem kann man durchaus schließen, dass Kinderlosigkeit „einen unverzichtbaren Beitrag zu einer gerechteren Welt darstellt, die von Überbevölkerung, Nahrungsmittel- und Ressourcenknappheit gebeutelt wird".[7]

Auch wenn diese Fakten sicherlich niemanden mit Kinderwunsch dazu bringen werden, sich gegen Kinder zu entscheiden (so wie niemand seine Kinder nur wegen der Rente bekommt), ist es doch nützlich, sie zu kennen und zu wissen: Es gibt auch für einen Lebensentwurf ohne Kinder stichhaltige gesellschaftspolitische Argumente.

Olle Kamellen: Frauen und Männer und ihre „Natur"

Ein anderer Mythos, der ständig unhinterfragt wiedergekäut wird, ist die angebliche „Normalität" des Kinderwunsches, jedenfalls bei Frauen. Dabei ist Mutterschaft keineswegs die „natürliche Bestimmung der Frau", wie es von vielen behauptet wird. Die Vorstellung von einem quasi natürlichen, jetzt erst so genannten „Kinderwunsch" einer Frau, verbunden mit der Idee eines „Mutterinstinkts" und der selbstverständlichen Aufopferungsbereitschaft von Frauen, ist historisch recht neu; sie entstand erst ab dem frühen 19. Jahrhundert.[8] Dass diese historisch gewachsenen Konzepte immer noch wirken, ist der Grund dafür, dass vor allem kinderlose Frauen sich Vorwürfe über angebliche Charakterdefizite gefallen lassen müssen, während kinderlosen Männern die Entscheidung eher als Privatsache zugebilligt wird.

7 So lautet eine These in dem temperamentvollen Buch von Nicole Huber: Kinderfrei – oder warum Menschen ohne Nachwuchs keine Sozialschmarotzer sind. Herbig Verlag, München 2011.

8 Vgl. Lena Correll: Anrufungen zur Mutterschaft. Eine wissenssoziologische Untersuchung von Kinderlosigkeit. Verlag Westfälisches Dampfboot, Münster 2010, S. 40ff.

Allerdings stoßen Männer schnell auf Widerstand, wenn sie sehr wohl einen Kinderwunsch haben und sich auch noch intensiv um ihren Nachwuchs kümmern möchten. Sei es am Arbeitsplatz, wenn sie sich die Familienarbeit teilen wollen oder Elternzeit nehmen, sei es im Privatleben, wo sie manches Mal hämische Bemerkungen von anderen Männern ernten, wenn sie abends früh müde sind, mit dem Kinderwagen im Park gesichtet werden oder mit ihrem Sohn schmusen.

Die Tatsache, dass Kinderlosigkeit fast immer nur Frauen vorgeworfen wird, zeigt, wie ideologisch die Rollen von Frauen und Männern auch heute noch definiert werden und wie eng die Grenzen der persönlichen Entfaltung gesteckt werden sollen.

Hinzu kommt: Menschen, die nicht der deutschen heterosexuellen Traumfamilie entsprechen und Kinder haben wollen – zum Beispiel schwule oder lesbische Paare, Menschen mit Behinderungen oder mit ausländischen Wurzeln –, erleben nicht selten, dass noch lange nicht jedes Kind willkommen ist, sondern dass es vielen BefürworterInnen aktiver Fortpflanzung in Wahrheit nur um die Reproduktion einer ganz bestimmten Familienform geht.

Übrigens ist die Geburtenrate in denjenigen Staaten mit am niedrigsten, die eine faschistische Vergangenheit haben: Deutschland, Italien, Spanien, Österreich und Japan.[9]

9 So die Familienforscherin Gisela Erler: „Es ist durch verschiedene Studien mittlerweile eindeutig belegt, dass die Geburtenrate in allen Ländern zusammenhängt mit der Möglichkeit, Familie und Beruf miteinander zu vereinbaren. Länder, die in der Vergangenheit stark auf ein Hausfrauenmodell gesetzt haben, weisen heute die niedrigsten Geburtenraten auf. Diese Länder (nebenbei bemerkt, ich nenne sie die postfaschistischen Länder, es sind Deutschland, Japan, Österreich, Spanien, Italien) haben die härtesten Hausfrauenmodelle gefahren; sie haben heute die niedrigsten Geburtenraten in der Welt.“ In: *http://www.gisela-erler.de/text9.htm*

Zum Faschismus gehört die Sichtweise von angeblich natürlicher, extremer Rollenverteilung untrennbar dazu. Das wirkt noch in der Organisation der Kinderbetreuung und der Unvereinbarkeit von Kindern und Beruf für Frauen nach. Auch psychologisch hat es vermutlich Auswirkungen bis heute, indem Frauen sich dem völlig übersteigerten Mutterideal komplett verweigern. Das kaum erfüllbare Idealbild der „guten Mutter" begünstigt zumindest in Westdeutschland die Entscheidung gegen Kinder, wie eine Untersuchung des Bundesinstituts für Bevölkerungsforschung aus dem Jahr 2012 zeigt.[10]

Jedenfalls wurde bisher kein „Elternschaftstrieb" nachgewiesen, von dem Frauen nur um den Preis der „Unnatürlichkeit" abweichen können. Im Gegenteil: „Die Tatsache allein, dass mütterliches Verhalten über Ideologiebildung abgesichert wird, spricht gegen seinen ‚natürlichen' Charakter. Mutterschaft wird nicht immer als befriedigend und erfüllend erlebt. Es bedarf einer mythischen Verschleierung, um Mutterschaft, auch wenn sie als einengend oder bedrückend erlebt wird, zu idealisieren."[11] Jessica Groß vermutet, dass die gesellschaftliche Kinderfeindlichkeit es nötig macht, das von Frauen erwünschte Verhalten durch aufgeladene „schöne" und „richtige" Frauenbilder sicherzustellen, damit trotz dieser Bedingungen Kinder geboren und umsorgt werden.[12] Bei Hunger, Durst oder Schlaf käme hinge-

10 Bundesinstitut für Bevölkerungsforschung (Hrsg.): (Keine) Lust auf Kinder? Geburtenentwicklung in Deutschland, Wiesbaden 2012.

11 Jessica Groß: Psychosomatik und Reproduktionsmedizin, in: Maria Beckermann/Friederike M. Perl (Hg.): Frauen-Heilkunde und Geburts-Hilfe. Integration von Evidence-Based Medicine in eine frauenzentrierte Gynäkologie, S. 922-953, hier S. 942.

12 Ebd., S. 941.

gen sicher niemand auf die Idee, sie ununterbrochen beschwörend als etwas „Natürliches“ zu bezeichnen – schlicht weil sich diese Tatsache derartig aufdrängt, dass sie den Weg in einen öffentlichen Diskurs gar nicht finden musste.

Wir leben in einem Land, das es Frauen und Männern mit überhöhten Mutterschaftsidealen einerseits und realen Hürden im Berufsleben andererseits immer noch sehr schwer macht, ein gleichberechtigtes Leben mit Kindern zu führen.

Ob diese Faktoren unsere GesprächspartnerInnen bei ihrer Entscheidung beschäftigt haben? Lassen wir sie selbst zu Wort kommen.

Hannah, 35, Redakteurin

Mein Leben ist schon komplett

Hannah wirkt auf den ersten Blick ruhig, formuliert im Gespräch aber temperamentvoll, bissig und witzig. Sie hat eine anspruchsvolle und fordernde berufliche Position erreicht, aber sie macht keine Karriere wegen Geld und Status, sondern aus Leidenschaft für die Sache – und um die Gesellschaft ein bisschen besser zu machen.

Ihr Freundeskreis ist für Hannah das Zentrum ihres Lebens. Sie beschreibt die Kränkungen, die sie erlebt hat, wenn Freunde sich um ihrer neuen Familie willen plötzlich völlig zurückzogen. Für sie ist das Leben mit ihrem Freundeskreis, ihrer Beziehung und ihrem Beruf rund und erfüllt.

Mit Anfang 20 dachte ich: „Na klar, später habe ich Kinder“, aber das war eine abstrakte Möglichkeit am Ende des Zeitentunnels. Am Ende meines Studiums war mir jedoch spätestens klar, dass ich nicht vorhabe, meinen Alltag mit einem Kind zu teilen. Dass ich mir nicht wünsche, schwanger zu sein, eine Geburt zu erleben oder zu stillen. An anderen Menschen freut es mich, wenn sie das genießen und gut finden, für mich selbst kann ich es mir nicht vorstellen.

Ich kann keinen Zeitpunkt nennen, an dem mir bewusst wurde, dass ich keinen Kinderwunsch habe. Ich war immer gespannt, ob er sich noch entwickelt: wenn ich mit dem Studium fertig bin, einen Partner habe und fest im Beruf stehe. All das habe ich seit einigen Jahren erreicht und merke: Ich will immer noch nicht mit einem Kind leben.

Ich war schon immer so

Ich kann keinen Auslöser nennen. Ich war schon immer so. Ich habe nie gerne mit Babypuppen gespielt. Die Kindergarten- und Grundschulzeit habe ich als schön in Erinnerung, aber danach kamen lange Jahre, in denen ich mich danach gesehnt habe, endlich erwachsen zu sein.

Ich weiß, dass ich als Kind oft Erwachsene spannender fand als Kinder. Ich habe mich schon früh bei Familienfeiern an den Tisch der Großen gesetzt und darauf gewartet, ernst genommen zu werden und selber bestimmen zu können, womit ich mich beschäftige. Obwohl meine Eltern tolle Menschen sind, habe und hatte ich nie das Gefühl, dass Kindheit eine erstrebenswerte Lebensphase ist.

Es gibt ja viele Leute, für die ein wertvoller Aspekt am Kinderkriegen ist, dass sie die kindliche Unbeschwertheit und diese Zeit noch einmal miterleben können – dieser Aspekt geht mir völlig ab.

Aber letztendlich ist das alles nicht entscheidend. Der Hauptgrund ist, dass mir das tiefe innere Bedürfnis fehlt, in meinem Alltag und in meinem Leben ein kleines Kind zu haben, das größer wird und das ich dabei begleiten kann. Mir fehlt nichts. Im Gegenteil, ich finde die Vorstellung beunruhigend.

Das kann man nicht auf mein Elternhaus zurückführen. Meine Eltern haben meine Schwester und mich gerne bekommen und hatten immer Freude an uns. Wir haben eine gute, funktionierende Familie. Meine Eltern haben das Leben gelebt, das sie gern wollen, und leben es immer noch. Meine Mutter ist recht schnell wieder arbeiten gegangen, und wir hatten eine Tagesmutter, die wir sehr mochten. Mir ist also auch vorgelebt worden, dass man Beruf und Familie vereinbaren kann.

Wobei mich ein Kind stören würde

Ein Kind würde mich von meinem Leben abhalten! Ich lese gerne, höre viel Musik, treffe mich mit Freunden, telefoniere stundenlang. Ich will auch spontan liebe Menschen in anderen Städten besuchen, nach Italien fliegen. Ich brauche Zeit für mich. Kinder sind laut – ich bin ruhebedürftig!

Ich will arbeiten – das ist für mich extrem wichtig, und ich brauche das Gefühl, dass das immer möglich ist. Ich will nicht von den Einkünften eines Mannes abhängig sein.

Und ich will meine Beziehung so führen, wie sie jetzt ist. Im Moment haben Michael und ich viel Zeit füreinander, wir können liebevoll und geborgen miteinander sein. Ein Kind würde unsere Beziehung ganz schön durcheinanderwerfen. Ich will nicht dieses Gerenne und Gehetze, um den Alltag mit Kind zu organisieren. Ich bekomme das bei so vielen Paaren mit: Du musst die Berufstätigkeit von zwei Leuten und das Kind, die Kinderbetreuung, Einkaufen, Essen, Krankheiten und so weiter geregelt kriegen. Die meisten Partnerschaften, die ich kenne, sind erst einmal zurückgeworfen auf ein Funktionieren als Erzeuger oder als Erziehungspaar.

Ich weiß, dass das Michael und mir nicht gut tun würde und dass ich eine ziemlich gestresste, unausgeschlafene Mutter wäre, die am Kind herumnörgeln würde und auch an Michael – und ich will so nicht sein. Ich weiß, dass ich dann Charaktereigenschaften entwickle, die ich an mir nicht besonders mag.

Ich bin dankbar, dass mein Partner keine Kinder will

Zum Glück sind Michael und ich uns einig, dass wir keine Kinder wollen. Ich bin sehr froh, dass diese Frage unsere Beziehung nicht zerreißt.

Michael ist toll mit Kindern, kann viel mehr mit ihnen toben und spielen als ich. Ich sitze mit einem Kind immer da und denke: „Hm, was können wir uns denn jetzt erzählen?“ Das Spontane, Körperliche liegt mir nicht so. Ich spiele schon mal eine Stunde mit meinem Neffen und seinen Dinosauriern, aber Michael hat einen unmittelbaren, direkten Zugang, er tobt los, hat Spielideen, auf die ich nie im Leben gekommen wäre, und macht das total gerne. Da hab ich schon manchmal gedacht: „Junge, willst du nicht doch?“ Aber er sagt klar: „Nein“, er genießt es und ist froh, wenn er ohne Kinder nach Hause geht.

Ich bin nicht gekränkt, dass der Mann meines Lebens mit mir keine Kinder will. Ich bin dankbar. Für mich wäre es ein unglaublicher Druck, wenn mein Partner einen Kinderwunsch hätte. Ich habe Beziehungen daran zerbrechen sehen.

Ich habe mich aber gefragt, wie ich reagieren würde, wenn wir uns trennen würden und er mit einer andern Frau Kinder bekäme. Würde ich es dann bedauern, dass wir keine Kinder gehabt haben? Das ist für mich eine wichtige Frage, die man für sich – auch unabhängig von der Beziehung – beantworten können muss. Ich wäre mir aber auch in dieser Situation sicher, selbst kein Kind zu wollen.

Meine Familie respektiert die Entscheidung

Ich habe nie verheimlicht, dass ich keine Kinder will. Ich bin jetzt seit elf Jahren mit Michael zusammen, und es war immer klar. Meine Familie ist zum Glück sehr bemüht, das zu verstehen. Meine Eltern hätten gerne noch einen Haufen Enkelkinder, und das nehme ich ihnen natürlich nicht übel. Aber ich möchte, dass sie respektieren, dass ich für mich eine andere Lebensform gewählt habe. Und das tun sie auch. Sie versuchen nicht, mich unter Druck zu setzen oder Einfluss auf mein Leben zu nehmen.

Als ich meiner Oma davon erzählte, hat sie durchklingen lassen, dass sie Leute ohne Kinder eher egoistisch findet und merkwürdig. Dass ohne Kinder leben nichts ist, was normale Menschen sich wünschen. Sie kann sich nicht vorstellen, dass ich das wirklich so empfinde.

Interessant ist allerdings, dass ich sie nie als Frau eingeschätzt habe, für die Mutterschaft ein zentraler Punkt in ihrem Leben ist. Meine Mutter ist auch nicht so. Sie ist sehr gerne Mutter, und ich bin sehr froh, dass ich sie als Mutter habe; aber sie hat auch noch viele andere Interessen.

Die Beziehung zu meiner Schwester hat sich, seit sie ein Kind hat, zum Positiven verändert. Das liegt daran, dass sie immer einen sehr starken Kinderwunsch hatte. Der ist jetzt erfüllt, und das macht sie wesentlich zufriedener und ruhiger. Sie hat die Rolle, die sie immer haben wollte. Insofern geht es ihr auch besser mit ihren sonstigen Beziehungen und Bindungen. Ich bin meiner Schwester sehr dankbar, dass sie immer eine Familie wollte, jetzt das erste Kind da ist und das zweite in Planung. Ich bin froh, dass die Familie weitergeht, dass es Nachkommen gibt und ich Tante sein kann. Ich bin supergerne Tante!

Gegenseitige Verletzungen

In der Studienzeit gab es eine Clique, von der viele nach dem Abschluss weggezogen sind, in eine Stadt, in der sie einen Job gefunden haben, um dann da schnellstmöglich Mann und Kind bzw. Frau und Kind klarzumachen. Bei mir kam es so an: Der Lebensabschnitt mit der Clique ist vorbei, jetzt kommt der Ernst des Lebens. Das war für mich belastend und kränkend – mein Leben war schon komplett! Abends mit Freunden in der Kneipe zu sitzen, auf Konzerte zu gehen, sich spontan mittags zu einer Pizza zu treffen, bei Stress und Kummer füreinander da zu sein – mehr brauche ich nicht zum Glücklichsein, ich habe nicht den Wunsch, einen Mann, ein Kind, ein Haus, ein Auto zu haben.

Ich gebe mir große Mühe, mit den Eltern in meinem Bekanntenkreis rücksichtsvoll zu sein. Sie sind in ihrem Alltag de facto wesentlich eingeschränkter als ich. Natürlich frage ich meine Freundin, wann es ihr in den Alltag mit den Kindern hineinpasst, dass wir uns sehen. Ob sie erst ihre Kinder ins Bett bringen möchte oder ob wir uns schon nachmittags treffen, damit sie sie mitbringen kann. Ich sage nicht „um halb acht bei uns", wenn ich weiß, um halb acht ist Schlafenszeit der Kinder. Aber ich denke trotzdem, dass ich – ohne es zu wollen – manchmal rücksichtslos bin, weil ich manche Dinge einfach nicht weiß. Gesagt worden ist mir das aber noch nicht.

Ich habe keine Lust, im Freundeskreis Fronten aufzumachen. Ich will Verständnis für meine Position. Aber ich will auch Verständnis für die Eltern haben: dass sie müde sind, dass sie keine Lust mehr haben, zu entscheiden, zu welchem Italiener man geht, sondern lieber zu Hause ein paar Nudeln kochen. Oder dass sie dringend mal raus wollen und dass man dann auch nur für eine halbe Stunde in die Kneipe geht.

„Warte nur ab ..." – Reaktionen

Ich erlebe sehr unterschiedliche Reaktionen, wenn ich sage, dass ich keine Kinder will. Manche fragen interessiert nach oder finden, dass ich etwas Schönes verpasse. Andere reagieren sehr negativ: Zum Beispiel hat ein Nachbar relativ rüde geäußert, dass Kinderlose die demografische Katastrophe beschleunigten und er ja fein raus sei mit seinen zwei Kindern. Das hat mich besonders aufgeregt, weil der Mann ansonsten klug, reflektiert und differenziert ist. Ein linker, netter Typ – aber bei dem Thema hört er sich an, als wäre er einem FAZ-Leitartikel entstiegen. Diese blöde „Argument": „Wer soll für deine Rente sorgen?" Als ob Heerscharen von Eltern ihre Kinder ganz selbstlos nur wegen der Rente in die Welt setzten! Das Problem ist doch, wie wir den Reichtum dieses Landes gerechter verteilen. Für mich lenkt die Demografie-Debatte vor allem davon ab, dass das Geld sehr ungerecht verteilt ist.

Er sagte auch: „Warte nur mal ab, dein Kinderwunsch kommt noch." Daran regt mich auf, dass meine Meinung nicht ernst genommen wird. Dass er behauptet, ich würde hormongesteuert doch noch meine wahre biologische Natur entdecken. Das macht mich unglaublich wütend. Ich habe schließlich eine Entscheidung gefällt, über die ich mir wirklich viele Gedanken gemacht habe. Aber sie wird überhaupt nicht als eine solche wahrgenommen, sondern als Gedankenlosigkeit.

Eine Kollegin ist manchmal unzufrieden mit ihrem Mutterdasein in einem Reihenhaus in einer Kleinstadt. Dann sind schon Äußerungen gefallen wie: „Ihr habt's gut", „Eure Wohnung ist so groß, hell und aufgeräumt", „Macht's euch schön in Eurem DINK-Leben" (double income no kids). Solche Äußerungen treffen mich, weil ich nicht so lebe, damit ich ihr eine große Wohnung oder ein doppeltes Einkommen vor die Nase halten kann. Ich lebe so, weil ich meinen Beruf, meine Beziehung und meine Freundschaften leben und außerdem keine Kinder haben will. Wenn man mir unterstellt, ich hätte nur materialistische Gründe dafür, kränkt mich das.

Alt werden ohne Kinder

Wenn man alt ist, sind Kinder, mit denen man sich gut versteht – das ist die Bedingung! –, etwas sehr Tolles. Ich weiß, dass ich das nicht haben werde. Diese Frage wurde mir auch schon gestellt: Was machst du, wenn du alt bist, allein und einsam? Wie gehst du damit um?

Ich kann nur sagen: Stimmt, kann passieren. Kann Eltern aber auch passieren. Es gibt keine Garantie dafür, dass man sich so gut mit seinen Kindern versteht, dass sie im Alter für einen da sind. Und vielleicht sind sie auch ausgewandert. Bis dahin kann so viel passieren. Ich denke, das ist die Herausforderung an mich: Ich muss mir vorher überlegen, was ich möchte, wenn ich alt bin. Ich muss mir soziale Netze knüpfen, die eng genug sind, mir eine gewisse Unterstützung zu bieten.

Das ist der einzige Punkt, der mich manchmal wirklich beschäftigt. Aber das ist kein Grund, ein Kind zu kriegen. Ich kann nicht 20 Jahre meines Alltags so verbringen, wie ich es nicht möchte, nur damit jemand für mich da ist, wenn ich 80 bin – der dann aber wahrscheinlich kein Wort mit mir spricht, weil er 20 unerfreuliche Jahre mit mir verbringen musste.

Ich frage mich nicht, ob ich keine „richtige" Frau bin, weil ich keinen Kinderwunsch habe. Vielleicht auch, weil meine relevanten Beziehungen mit Männern das nie zum Thema hatten.

„Du bist keine richtige Frau" ist mir eher unter einem anderen Aspekt begegnet: Ich werde nie dem gängigen Schönheitsideal entsprechen und deshalb nie von einer bestimmten Sorte Mann als Frau akzeptiert werden. Da bin ich ziemlich abgehärtet. Ich weigere mich schon lange, andere Leute definieren zu lassen, ab wann ich eine „richtige" Frau bin, welche Klamotten ich dafür tragen, welche Figur ich haben und welches Verhalten ich an den Tag legen muss.

Ich fühle mich als gewollt kinderlose Frau nicht diskriminiert. Das liegt sicher auch an mir und daran, dass ich mich gut wehren kann. Ich kann es relativ gut erklären oder das Gespräch beenden, wenn ich das Gefühl habe, das ist jemand, mit dem ich das Thema gar nicht besprechen möchte. Ich kenne aber viele Frauen, die damit größere Probleme haben und in solchen Situationen sehr leiden, und die auch schon auf übelste Weise beschimpft worden sind.

Ich bin sehr dankbar dafür, eine Frau im 21. Jahrhundert in Deutschland zu sein, die ohne Kinder leben kann und dafür nicht großartigen Benachteiligungen ausgesetzt ist. Ich bin dankbar, dass in deutschen Großstädten so viele Lebensentwürfe nebeneinander existieren können, Wohngemeinschaften, Singles, mit Kindern, ohne Kinder, schwule und lesbische Lebensweisen – bei allem, was noch nicht erreicht worden ist. Und ich erlebe zum Glück keine Einschränkungen in meinem Alltag. Aber ich erlebe den gesellschaftlichen Diskurs darüber, was eine Frau tun soll, als bedrängend und ungerecht.

Jeder zahlt einen Preis für die Entscheidungen, die er trifft. Bei der Frage „Kinder oder keine“ ist es eben nicht so wie im Supermarkt, wo man wählen kann zwischen Cornflakes mit Erdbeer-, Vanille- oder Schokogeschmack und sie wieder umtauschen kann, wenn das Produkt nicht gefällt. Die Kinderfrage ist eine Entscheidung, bei der man sich auch für die Konsequenzen entscheiden muss. Das ist mir sehr bewusst. Und ich denke: Meine Entscheidung eröffnet mir wahnsinnig viele Freiräume.

Axel, 45, Schreiner

Ich leb mein Leben anständig, aber ich dreh nicht am großen Rad

Axel ist ein bedächtiger Mann, der sich viel Zeit nimmt und in Ruhe an seiner Zigarette zieht, bevor er auf unsere Fragen antwortet. Seine Haltung zur Welt bezeichnet er als eine kontemplative, introvertierte. Meditation und Kampfkünste beschäftigen ihn seit Langem und prägen ihn. Ab und zu unterbricht ein unvermutetes, strahlendes Lächeln seine ruhigen Ausführungen.

Vor uns sitzt jemand, der sich wenig um gesellschaftliche Konventionen schert, dafür aber mit großer Umsicht und Ernsthaftigkeit nach seinem eigenen Weg und seinen eigenen Themen sucht – auch wenn es um Kinder geht. „Egoismus" und „etwas Weitergeben" bewegen ihn da durchaus – aber er findet ganz persönliche Antworten darauf.

Es stand nicht immer fest, dass ich keine Kinder will; das war ein Prozess. Mit 25 war ich kurz damit konfrontiert, Vater werden zu können. Wegen einer Fehlgeburt kam es aber nicht dazu. In dieser Zeit hätte ich es mir vorstellen können, aus der Haltung heraus: Man nimmt an, was gegeben ist, man akzeptiert die Situation. Ich habe das Thema Kinder nicht forciert, aber in dieser Phase habe ich mich mehr damit auseinandergesetzt.

In den 20 Jahren, die seitdem vergangen sind, ist ein expliziter Kinderwunsch nicht aufgetreten.

Die Familiensituation, die ich in meiner Jugend erlebt habe, hat einen Kinderwunsch nicht befördert. Ich war Einzelkind in ungewöhnlichen und teils belastenden

Umständen und hatte nicht dieses Nest mit Geschwistern und regulären Eltern. Die Natürlichkeit, die Menschen in einem gesettelten Familienumfeld gegenüber Reproduktion entwickeln, fehlt mir. Das hat mich mit am stärksten geprägt.

In der Lebensphase, in der ich fast Vater geworden wäre, war ich in einem geistigen Umfeld engagiert, zu dem ich ursprünglich über Kampfkunstschulen gekommen war. Dort habe ich intensiven Kontakt zu buddhistischen Gruppen gefunden, in deren Philosophie es darum geht, Gegebenes zu akzeptieren, aber nicht unbedingt das Rad immer weiter zu drehen. Ich fühlte mich stark davon angesprochen, das eigene Leben zu klären, sich zu entwickeln – es aber damit auch gut sein zu lassen, es auslaufen zu lassen. Ich hatte sehr früh den Eindruck: Ich bin der letzte in der Familie, und ich mach das anständig hier, aber ich dreh nicht am großen Rad. Es gab in meiner Familie Ahnenforschung, und in der Konfrontation damit war mir schon in jungen Jahren klar: Das ist es nicht, tut mir leid, der Siegelring geht irgendwann zum Trödler.

Der Druck aus der Norm ist nicht da

Die Beziehung, in der es zur Fehlgeburt kam, war ohnehin nicht besonders tragfähig. Danach hatte ich keine Partnerinnen mit einem Kinderwunsch. Auch in meiner jetzigen langjährigen Beziehung gab es in der Hinsicht nie Konflikte.

Meine Mutter ist die einzige Verbliebene meiner Herkunftsfamilie. Sie hätte gern im Alter Enkel bekommen, hat sich aber damit abgefunden, dass von mir keine zu erwarten sind – wenn meine bisherige

Lebenskonstellation so bleiben sollte. Ich habe kaum Nachfragen oder Druck von ihr erlebt, und wenn, dann in leicht humoristischer Form. Damit konnte ich gut umgehen.

Ich höre auch sonst in meinem Umfeld keine Bemerkungen dazu. Natürlich ist man von manchen Themen ausgegrenzt, aber das ist nun mal Teil des Spiels. Bei Gesprächen über Kinder bleibt man außen vor – eine Konsequenz, die ich gut tragen kann. Dass in irgendeiner Weise die Wertschätzung meiner Person dadurch beeinflusst worden wäre, habe ich noch nicht erlebt. Weder schulterklopfend noch negativ, und schon gar nicht im Sinne von: „Der drückt sich."

Ich habe ohnehin eher mit Leuten zu tun, die eine leicht schräge Entwicklungsgeschichte beziehungsweise gebrochene Erwerbsstrukturen haben. Von daher ist der Druck aus der Norm nicht da. Wenn man ein seltener Vogel ist, weil man keinen Kinderwunsch hat, zum Beispiel in einer ländlichen Umgebung, wird man wohl eher zur Projektionsfläche.

Ich kenne aber diese Sprüche, dass man keine Verantwortung übernimmt, lieber die anderen die Arbeit machen lässt. Das hört sich so an, als ob man sich der „Arbeit am Volkskörper" entzieht, als ginge es um das Mutterkreuz. Diese Debatten sind davon abhängig, wie der Zeitgeist gerade austeilt. Das bekomme ich teilweise mit, aber auch, wie unbeholfen Positionen von Zeitungs- und Fernsehredaktionen aufgebaut werden, nach dem Motto: „Jetzt müssen wir noch einen finden, der diese Einstellung vertritt." Das Niveau der Diskussion ist nicht berauschend. Aber sie hat sowieso keine Auswirkungen auf meine Position, weil ich mich da wenig wiederfinde. Gerade die leicht provokanten Angriffe finde ich einfach läppisch, und deswegen setze ich mich damit nicht auseinander.

Egozentrik zurückstellen

In unserer Kultur gibt es ein Wertemodell des Erwachsenwerdens, das darin besteht, sich fortzupflanzen und seine Egozentrik zurückzustellen, um ein neues Leben zu begleiten, zu beschützen.

Mit diesem Motiv setze ich mich manchmal auseinander: Inwiefern würde mir die Rolle als Vater helfen, die eigene Egozentrik zu überwinden? Das wäre eine neue Perspektive, in der es nicht nur um den eigenen Bauchnabel ginge. Ich versuche, beobachtend wahrzunehmen, zu hören oder zu fühlen, was da für mich mitschwingt. Aber eigentlich ist das auch ein egozentrischer Wunsch, weil es wieder um meine Entwicklung geht.

Der Wunsch, das eigene Leben zu bereichern, über Elternschaft dem Leben in der postindustriellen Sinnkrise einen Sinn zu verleihen, ist sicher bei vielen ein Grund für Kinder. Das ist auch völlig in Ordnung. Nur, wenn man über Selbstbezogenheit nachdenkt, sollte man diesen Wunsch konsequenterweise hinterfragen. Letztlich sind die meisten Motivationen egoistisch, und dabei entstehen ja auch gute Sachen.

Das Wachsen an der Begleitung von Kindern – durch physische Präsenz – ist eine Aufforderung, ein Zwang, über die eigenen Grenzen zu gehen. Ganz platt: morgens um drei Uhr aufstehen, weil das Kind schreit. Viele Leute verbinden das mit dem Erwachsenwerden: Jetzt ist Schluss, jetzt steh ich eben auf. Wenn man seine Potenziale auf andere Weise abrufen möchte, fehlt dieses

Forcierte. Es ist dann eher ein schöpferischer Prozess, als wenn die Ursache der Motivation gerade nebenan schreit oder mit 14 Jahren Mofa-Unfälle produziert oder schwanger wird.

Ich denke, ich könnte mehr aus meinem Potenzial machen. Deswegen schwingt auch diese leichte Sehnsucht mit: Es hätte eine Quelle geben können, die mich des Mich-selber-Motivierens enthoben hätte. Diese Verknüpfung sehe ich bei mir.

Ich bin eher ein kontemplativer Typ

Neben meiner Erwerbstätigkeit als Schreiner, die ich mit Sinn und geistiger Anwesenheit zu füllen versuche, engagiere ich mich weiterhin in Kampfkünsten, beschäftige mich mit Systemen der Körperintelligenz wie Aikido, Tai Chi und Yoga. Ich versuche, da Aufmerksamkeit, Empathie und Anwesenheit im Moment zu erschaffen. Es ist mir wichtig, dass ich ein- bis dreimal die Woche auf die Matte gehe und eine Form von Erdung finde. Die Regelmäßigkeit ist dabei ein faszinierender Punkt, der mich auch in chaotischeren Phasen gut begleitet hat.

Bis vor zwei Jahren war ich ehrenamtlicher Helfer in einem Bürgertreff im Stadtteil. Zu meinem Beruf gehört es auch, Senioren bei barrierefreien Umbauten zu unterstützen. Dazu kooperiere ich mit Wohnberatungsstellen und Seniorennetzwerken.

Ansonsten bin ich eher ein kontemplativer Typ. Ich komme gut klar, wenn neben meiner Liebesbeziehung, der Arbeit, der Kampfkunst und dem sozialen Engagement sonst nichts ist.

Ich kenne einige Leute, die deutlich mehr Aktivität an den Tag legen, in mehr als nur einem sozialen Netzwerk aktiv sind und mehr Kontakte haben. Das ist bei mir eher reduziert. Ich gehe nicht so nach außen, es treibt mich nicht so stark. Ich versuche natürlich, mich auch da zu hinterfragen – müsste ich mich stärker engagieren? Ich versuche, mit Aufmerksamkeit eine Gratwanderung zwischen Lebendigkeit und Aktionismus hinzukriegen, das kippt manchmal zu der einen oder der anderen Seite. Man lernt es in der Meditation: ein Gespür für die Linie zwischen Schläfrigkeit und geistiger Überaktivität zu entwickeln, und diese Linie versuche ich immer wieder neu zu finden.

Zusammen mit der frühen Erkenntnis, nicht unbedingt das große Rad zu drehen, war ich immer überzeugt, dass ich auch in anderen Bereichen nicht so viel zu geben hätte, auf das jemand warten würde. Mir war schon früh klar, dass ich bestimmt keine geniale Novelle schreiben werde oder sonst irgendwas mache, was andere Leute beglücken könnte. Deswegen ist mein Weg ein introvertierter Weg – wie ich hoffe, mit positiven Auswirkungen auf meine Mitmenschen.

Ich will nicht ausschließen, dass irgendwann unerfüllte Sehnsüchte, Momente der Wehmut oder Melancholie hochkommen, dass da irgendwas versäumt wurde. Es mag Gemütsverfassungen geben, die so etwas befördern.

Im Alter könnte es vielleicht ein bisschen fehlen, eine Form von Lebenserfahrung weitergeben zu können – obwohl am Ende jeder seine Erfahrungen selbst macht. Etwas weiterzugeben, nicht mal an einen leiblichen Nachfolger, sondern an eine kommende Generation, ist ein altes Menschheitsmotiv. Noch ist das bei mir nicht so stark, es mag im Alter ein Punkt werden: „Jetzt hab ich ein bisschen den Überblick – wem gebe ich das weiter?" Aber ich denke, auch da gibt es Möglichkeiten, sich mitzuteilen und etwas positiv zu beeinflussen, wenn man das Bedürfnis hat. Vielleicht werde ich diesen Wunsch verspüren, weil das Bild des Meister-Schüler-Verhältnisses im asiatischen Kulturraum relativ stark ist. Aber das ist auch ein bisschen Romantik.

Wir müssen keine Clan-Strukturen sichern

Ich glaube, dass mein Familienbild leicht gestört ist – wobei ich nicht weiß, was normal ist ... Ich nehme Familie am ehesten als einen mehr oder weniger zufälligen Zusammenschluss von Wesen wahr, die sich gut tun können; aber ich möchte keine Verpflichtung auferlegt bekommen, und ich möchte auch niemandem Verpflichtungen abverlangen, zum Beispiel, mich im Alter zu besuchen und nach dem Rechten zu sehen. Einmal im Monat anderthalb Stunden im Heim besucht zu werden – es gibt bestimmt schönere Kontakte zwischen Eltern und Kindern, auch im Alter. Kurz und gut – eine Pflichtnummer wollte ich nie mitmachen.

Ich bin froh über die Wahlmöglichkeiten. Wir müssen keine Clan-Strukturen sichern. In vielen anderen Regionen der Welt ist es selbstverständlich, seine Familie zu stärken: numerisch und indem man ihr das Beste angedeihen lässt – immer auch aus dem Motiv heraus, dass man sich zur Not gegen den Nachbarstamm durchsetzen kann.

Bei uns nimmt das jedoch auch wieder zu. Es bilden sich erneut Sozialstrukturen heraus, in denen einflussreiche Familien dafür Sorge tragen, noch mehr Macht und Geld zu bekommen und beides in der Familie zu halten. Das strahlt ab bis in die Mittelklasse. Jeder, der es sich erlauben kann, schickt sein Kind nach England zu einem Studienaufenthalt. Das ist individuell positiv für das Kind, wenn es nicht stark unter Druck gesetzt wurde, aber soziologisch verfestigen sich so meiner Meinung nach Machtstrukturen. Seit den 1990er Jahren werden wir zunehmend wieder eine Ständegesellschaft, die der Zweite Weltkrieg teilweise durchgerüttelt hatte. Die Oberschicht hat sich ohnehin von dem gemeinschaftlichen Bildungsweg abgekoppelt. Ein Gymnasium reicht nicht mehr, es muss eine Privatschule sein, am besten im Ausland. Ich hab kein Motiv, da mitzumachen.

Ich bin auch nicht dazu da, Projektionen zu erfüllen, die Dynastie aufrecht zu erhalten. Ich bin nicht für den „Volkskörper" zuständig, sondern möchte als Individuum leben und wahrgenommen werden, mich entwickeln – und das ist es. Ich will so viel wie möglich aus mir schöpfend anderen Menschen zugutekommen lassen. Darüber hinaus aber gibt es kein Gesetz, keinen Gesellschaftsvertrag, keine unausgesprochenen Wünsche innerhalb der Familie. Das habe ich meistens ziemlich vehement abgelehnt, auch gegenüber den Großeltern. Summa summarum: Das Leben ist zu wertvoll, um sich diese Bleikappen auf den Kopf zu ziehen und dementsprechend beschwert durch die Gegend zu laufen. Ich will aufrichtige Beziehungen. Wahlverwandtschaften.

Dorothea, 61, Biologin im Ruhestand

Die Arbeit war meine große Leidenschaft

Dorothea ist promovierte Biologin. Sie arbeitete lange in einem Universitätsinstitut und wurde 1993 dort Chefin. Die Arbeit beschreibt sie als tagesfüllendes Programm mit vielen Überstunden, besonders seit sie für das Institut verantwortlich war. Vergangenes Jahr hat sie im Rahmen der Altersteilzeit zu arbeiten aufgehört und genießt jetzt ihren Ruhestand.

Vor uns sitzt eine Frau, die es gewohnt ist, dass man ihr zuhört und auf ihre Worte Wert legt. Sie hatte eine Weile überlegt, bevor sie sich zu dem Gespräch mit uns entschlossen hat. Nun ist sie auf unsere Fragen gründlich vorbereitet und antwortet mit großer Ernsthaftigkeit und Genauigkeit. Wir finden es besonders spannend, mit jemandem zu sprechen, der über die Vereinbarkeit von Familie und Beruf auch aus der Perspektive der Arbeitgeberin zu berichten weiß.

Ich wollte immer in meinem Beruf arbeiten. Das war einer der Gründe, weshalb ich gesagt habe: „Ich kann mir keine Kinder vorstellen.“ Der ursprüngliche Grund war eigentlich verrückt: Als ich 16 war, machten wir im Rahmen unseres Biologieunterrichts eine Exkursion in ein Heim für behinderte Kinder. Dort lebten Kinder, die gut versorgt wurden, aber auf fast nichts reagierten. Das ging mir dermaßen an die Nieren, dass ich dachte: „So was möchte ich nicht. Dann lieber gar keine Kinder.“

Ein weiterer Grund ist sicherlich, dass die Ehe meiner Eltern nicht die beste war und dass ich überzeugt bin, meine Mutter wäre nicht bei meinem Vater geblieben, wenn ich nicht dagewesen wäre. So etwas wollte ich für mein Leben nicht. Das hat sich mit dem Wunsch verbunden, in meinem Beruf auch wirklich zu arbeiten. Meinen Eltern war es nicht leicht gefallen, mir mein Studium zu finanzieren – da dachte ich, das kann ich jetzt nicht hinschmeißen.

Vor 30 Jahren war es mit der Betreuung von Kindern ja noch viel schwieriger als heute. Und ich wollte die Freiheit haben, zu sagen: „Ich mache das, was ich will, und ich bin nicht gezwungen, mit jemandem zusammenzubleiben, nur weil ich ein Kind habe."

Mein Mann hätte gerne Kinder gehabt

Ich war 18, als ich Martin kennenlernte. Damals war er überzeugt, er würde einmal Kinder haben. Wir haben viel darüber diskutiert, aber ich habe immer gesagt: „Ich nicht." Irgendwann hat er es akzeptiert. Ich denke, wir sind jetzt beide zufrieden, dass es so gekommen ist. Er war auch nicht bereit, zu sagen: „Ich kümmere mich um das Kind" – natürlich nicht! Er wäre niemals bereit gewesen, halbtags zu arbeiten. Mal zum Fußball zu gehen mit einem Jungen, sicherlich, aber Windeln wechseln bestimmt nicht.

Für Martin war es eher normal, dass man Kinder bekommt. Das ist einfach das Leben: Man hat zwei Kinder. Was muss jeder Mann gemacht haben? Ein Kind gezeugt, einen Baum gepflanzt, ein Haus gebaut. Aber ein Kind war sicherlich nicht sein Lebensziel. Sonst hätte er sich entweder eine andere Frau gesucht oder mich so lange unter Druck gesetzt, bis ich mich vielleicht hätte breitschlagen lassen. Aber mit unserer Heirat war dieser Punkt abgehakt. Es stand außer Frage, dass ich den ganzen Tag arbeite, und zwar in dem Beruf, den ich gewählt habe.

Heute hat sich vieles verändert. Mir fällt immer wieder auf, dass Leute, die so alt sind wie ich, sagen: „Also nee, diese modernen Ehen heute, da fährt die Frau weg und der Mann kümmert sich um die Kinder!" Super, so hätte ich auch zwei Kinder haben können. Aber wenn jemand noch nicht mal die Milch warm kriegt, ohne dass sie anbrennt ...

Eine Freundin von mir sagt: „Weißt du, es ist eigentlich ganz einfach. Uns fehlt das Mütter-Gen!" Ich finde Babys ganz niedlich, aber ich möchte sie nicht ständig um mich haben. Ich kann mich nicht erinnern, dass ich als junges Mädchen das Gefühl hatte: Ich möchte gerne Mutter sein. Ich habe wenig mit Puppen gespielt oder Vater-Mutter-Kind. Wir haben eher Nägel in die Wand geschlagen oder sind im Steinbruch rumgeklettert.

Ich bin Einzelkind, das kommt vielleicht noch dazu. Ich muss nicht in einer großen Familie leben; auch als Kind wollte ich keine Geschwister haben. Bei anderen habe ich so viel Streit zwischen den Geschwistern erlebt. Ich hatte viele Freundinnen, und zu Hause brauchte ich niemanden.

„Eine deutsche Frau muss zwei Kinder haben"

Für meine Mutter war es sehr wichtig gewesen, ein Kind zu bekommen. Sie hätte auch gerne Enkelkinder gehabt und war traurig. Aber sie hat es akzeptiert.

Meine Schwiegermutter fand meine Entscheidung völlig inakzeptabel: Es gehört sich nicht, dass eine Frau keine Kinder will. Sie war noch diesem Deutschtum verhaftet, dass eine deutsche Frau zwei Kinder haben muss. Sie fand es unnormal: Ihre Tochter hatte zwei Kinder, alle anderen Leute hatten Kinder, nur ich nicht. Ich war ihr sowieso viel zu selbstbewusst. Ich habe ihr manchmal gesagt: „Ich will die Socken deines Sohnes nicht waschen! Ich habe einen Beruf und arbeite darin, ich will nicht Hausfrau sein!“ Sie konnte sich nicht vorstellen, dass man ihren angebeteten Sohn nicht auch anbetet. Zu Anfang hat mich ihre Einstellung belastet, aber irgendwann war mir egal, was sie sagt.

Mein erster Chef meinte dazu, dass ich keine Kinder will: „Das können Sie doch nicht machen, da geht die ganze Genetik durch den Schornstein! Intelligente Leute müssen auch Kinder kriegen, nicht immer nur die anderen.“

Irgendwann lacht man darüber und es ist gut. Ich hatte über meine Entscheidung nachgedacht und es war für mich klar: Ich will keine Kinder. Und dann lasse ich mir von anderen Leuten auch nicht reinreden.

Inzwischen höre ich von manchen befreundeten Eltern, ich hätte es richtig gemacht: „Wenn ich gewusst hätte, was da alles auf mich zukommt!“ Es gibt viele, die sehr viel Ärger mit ihren Kindern haben, etwa in der Pubertät, oder wenn die Söhne sich später mehr der Familie ihrer Frau zuwenden. Manchmal höre ich auch: „Meine Kinder kümmern sich nicht um mich! Erst hatten wir so viel Ärger und Sorgen mit ihnen, und jetzt im Alter lassen sie uns links liegen.“ Und dann: „Ihr habt‘s gut!“

Meine Ehe ist auch ohne Kind komplett

Ich kann nicht nachvollziehen, dass man sich in seiner Ehe erst mit einem Kind komplett fühlt. Erst ist ein Ehepaar angeblich ohne Kinder nicht vollständig. Und wenn die Kinder groß geworden sind, wieder nicht. Viele Ehen gehen nach der Silberhochzeit in die Brüche, wenn die Kinder aus dem Haus sind und die Leute plötzlich merken, dass sie nicht nur Eltern sind, sondern auch miteinander auskommen müssen. Dass sie viele Probleme, die sie miteinander hatten, hintangestellt haben, weil sie die gemeinsame Aufgabe hatten, sich um ihre Kinder zu kümmern.

Wobei ich zugeben muss: Wenn man keine Kinder hat und viel arbeitet, hat man auch nicht so viel Zeit, sich um seine Beziehung zu kümmern. Da bin ich gespannt: Mein Mann wird in vier Wochen aufhören zu arbeiten. Wir waren noch nie länger als eine Woche den ganzen Tag über gemeinsam zu Hause. Im Urlaub ja, aber zu Hause noch nie. Wir sind uns aber dieses Problems bewusst. Martin hat neulich gesagt: „Weißt du, das Haus ist groß genug, wir können uns aus dem Weg gehen." Ich denke, das ist vergleichbar mit diesem Zeitpunkt, wenn die Kinder aus dem Haus gehen. Ich freue mich darauf, aber ich denke, man muss sich erst wieder aneinander gewöhnen.

Als Chefin war ich nicht immer elternfreundlich

Als Chefin hatte ich viel mit Mitarbeiterinnen zu tun, die Kinder bekamen. Im öffentlichen Dienst ist das relativ einfach: Man bleibt erst mal zu Hause, kommt dann wieder und arbeitet, so viel man möchte, was für den Arbeitgeber sehr schwierig ist. Ich muss gestehen, ich war da nicht immer sehr entgegenkommend. Ich fand es lästig, wenn jemand zum Beispiel 17 Stunden in der Woche arbeiten wollte, weil ich eigentlich ganztags Leute brauchte. Es wollte auch niemand nachmittags arbeiten, aber gerade in unserem Bereich ist auch nachmittags viel zu tun.

Man kann sich im öffentlichen Dienst außerdem lange beurlauben lassen; wenn man es geschickt macht, 18 Jahre. Und für diese Leute muss man eine Stelle freihalten, die kann man immer nur so lange besetzen, wie derjenige sagt: Ich möchte weiter zu Hause bleiben. Dort sitzt dann jemand, den man gern behalten möchte, dem man aber immer nur befristete oder Halbtagsstellen geben kann. Ich war da sicherlich manchmal nicht sehr freundlich, weil ich dachte: Das ist den anderen gegenüber unfair.

Da habe ich gemerkt, dass mir meine Arbeit immer sehr viel wichtiger war. Es erfüllte mich manchmal mit Zorn, wenn Mütter wieder anfingen zu arbeiten, weil sie das Geld brauchten, sich für ihre Arbeit aber eigentlich nicht mehr interessierten. Ich war sicherlich einer von diesen fürchterlichen Arbeitgebern, die es den Frauen schwermachen, Kinder zu bekommen.

Bei meinen Angestellten war es immer die Frau, die zu Hause geblieben ist. Auch in unserer Bekanntschaft kenne ich nur einen Mann, der mal daheim blieb, wenn die Kinder krank waren. Aber vor 20 Jahren bestimmt noch nicht. Ich erinnere mich an ein Gespräch mit einer Führungskraft in einem großen Konzern, der sagte: „Der X wollte Erziehungsurlaub nehmen! Der wird bei mir nichts mehr.“ Das fand ich sehr kennzeichnend für die frauen- und kinderfeindliche Atmosphäre in dieser Gesellschaft.

Nette Kinder finde ich prima

Ich habe nichts gegen nette Kinder. Wobei die Betonung auf nett liegt: Schreiende, quengelnde Kinder finde ich lästig. Unsere Nachbarn haben vier Kinder, und die sind oft gekommen, wenn ich im Garten gearbeitet habe:

„Was machst du? Kann ich dir helfen?“ Wenn der Postbote wieder einmal ein Paket bei der Nachbarin abgegeben hatte, brachten es die Kinder, weil sie wussten: Es gibt ein Bonbon oder ein Stück Schokolade. Manchmal kamen vier Kinder mit einem Paket, und jedes fasste an einer Ecke an. Das war ein sehr nettes, enges Verhältnis. Die Nachbarn haben immer die Hecke zu unserem Garten so niedrig geschnitten, dass ihr jüngstes Kind noch drübergucken konnte.

Ich habe sechs Jahre lang eines und manchmal sogar zwei der Kinder morgens in den Kindergarten gebracht. Da ich um die Zeit zur Arbeit gefahren bin, habe ich sie mitgenommen, dort abgesetzt und bin dann weitergefahren. In den fünf Minuten im Auto habe ich die volle Information darüber bekommen, was in der Familie gerade anlag. Das war der intensivste Kontakt, den ich mit Kindern hatte. Heute sind die vier erwachsen. Wenn sie zu Hause sind, kommen sie immer vorbei und sagen Guten Tag. Es ist schon nett, wenn man sieht: Den habe ich auf dem Arm gehabt. Und jetzt ist er ein baumlanger Kerl und nimmt mich in den Arm.

Es gibt auch nervige Kinder. Als wir in unser Haus zogen, hatten wir viel Ärger mit anderen Nachbarskindern. Sie schossen ständig Bälle in unseren Garten und meinten dann, sie müssten über den Zaun klettern und durch unsere Beete toben. Mit denen haben wir uns häufiger angelegt. Unerzogene Kinder kann ich nicht leiden.

Im Alter müssen wir uns Hilfe suchen

Im Alter wird natürlich kein Kind für uns da sein. Aber meine Mutter lebt 360 Kilometer entfernt, da kann ich auch nicht dauernd vorbeifahren. Wir werden im Alter auf fremde Hilfe angewiesen sein: die Polin, die einen pflegt, oder das Altenheim, in dem man unterkommt. Kann schon sein, dass man das bitter findet. Aber wer wird heutzutage noch in seiner Familie gepflegt und von seinen Kindern versorgt?

Ich könnte mir nicht vorstellen, mit meiner Mutter in einem Haushalt zu leben, da wir das schon seit 40 Jahren nicht mehr tun. Und so würde es wahrscheinlich den eigenen Kindern auch gehen.

Kann sein, dass man irgendwann traurig ist. Aber ich denke, das darf man nicht sein, wenn man sich vorher für diesen Weg entschieden hat. Ich hoffe, dass es so bleibt. Von meinem Mann kommt bisher auch kein Bedauern. Er ist nicht der Typ, der jetzt meint, er müsste mit kleinen Kindern spielen.

Wenn man älter wird, überlegt man sich: Was wird, wenn du stirbst? Ich will unser Hab und Gut nicht dem Tierschutzverein oder der Kirche vermachen. Wir haben irgendwann ein Testament gemacht, und das müssen wir demnächst aktualisieren.

Wir haben niemanden, in dem wir weiterleben, wollen aber nicht völlig in Vergessenheit geraten. Es ist zwar nicht so, dass wir Reichtümer zu vergeben hätten, aber ich habe zum Beispiel Schmuck, und ich frage mich: Zu wem habe ich eine so nette Beziehung, dass ich ihr oder ihm den Schmuck weitergeben möchte?

Da gibt es jemanden, dem wir irgendwann sagen wollen, dass er unser Testamentsverwalter werden soll. Irgendeiner muss das ja mal in die Hand nehmen. Und es muss jemand sein, der deutlich jünger ist. Wir kennen mehrere junge Leute, Kinder von Freunden oder

Verwandten, von denen wir sagen würden: Irgendetwas sollen sie kriegen, damit sie sich später an uns erinnern.

Ich bin sehr zufrieden, wie alles gekommen ist

Die Arbeit war meine große Leidenschaft – das, was ich unbedingt wollte. Zum Schluss wurde es allerdings ein bisschen viel. Ich habe in den letzten Jahren mindestens 60 Stunden in der Woche gearbeitet, mit sehr wenig Schlaf und sehr viel Stress. Irgendwann habe ich mir Gedanken darüber gemacht, dass mein Vater kurz vor seinem 65. Geburtstag an einer Berufserkrankung gestorben ist. Und da habe ich gedacht: „Arbeiten bis zum Umfallen und dann gar nichts mehr haben, das will ich nicht."

Man hat so vieles aufgeschoben. Um den Garten konnte ich mich nur am Wochenende kümmern, unter Stress. Und eigentlich macht mir das Spaß. Heute gehe ich manche Sachen lockerer an. Martin und ich spielen Golf, ich lese wieder ein bisschen, man kann mal ins Konzert gehen oder ins Theater. Ich denke, wir werden auch Reisen unternehmen. All so Dinge, zu denen vorher keine Zeit blieb.

Als ich zu arbeiten aufgehört habe, fragte mich jemand: „Wirst du damit fertig, dass du jetzt keine wichtige Person mehr bist?" Damit werde ich gut fertig. Ich kann zum Beispiel aus dem Haus gehen und mein Telefon ausschalten, weil mich ganz bestimmt keiner mit einem dringenden Problem anruft.

Ich bin sehr zufrieden, wie alles gekommen ist. Es geht mir gut. Ich vermisse weder meinen Beruf noch Kinder. Wie das wird, wenn Martin und ich beide zu Hause sind, das wollen wir mal sehen. Aber ich denke, das kriegen wir schon hin.

Claudia, 48, Altenpflegerin und Pflegewissenschaftlerin

Ich habe mir ein Kind nie zugetraut

Claudia kommt aus einfachen Verhältnissen. Ihre Eltern ließen sich früh scheiden, und die Mutter zog sie und ihre kleine Schwester allein groß. Die Mutter starb, als Claudia 15 war.

Wir sind beeindruckt von Claudias Bereitschaft, auch Schwieriges aus ihrer Vergangenheit für uns offenzulegen. Sie weiß dabei sehr genau, was sie uns mitteilen will, und macht sofort deutlich, wenn sie über etwas nicht weiter reden möchte. Claudia spricht sehr bestimmt, immer wieder unterbrochen von ihrem lauten, ansteckenden Lachen.

Ihre Lebensgeschichte hat Claudias Blick auf das Kinderthema sehr geprägt. Sie erzählt außerdem viel aus ihrer beruflichen Erfahrung als Altenpflegerin: Wie kommen alte Menschen mit und ohne Kinder mit dem Verlust der Eigenständigkeit zurecht?

Meine Mutter hat viel gearbeitet, und ich als ältere Tochter musste schon früh Verantwortung übernehmen. Sie ist gestorben, als ich 15 war. Davor war sie fast zwei Jahre lang krank und das letzte Jahr fast nur im Krankenhaus. In dem Jahr lebten meine Schwester und ich mit dem Lebensgefährten meiner Mutter alleine zu Hause. In dieser Zeit hat er mich missbraucht. Dass ich keine Kinder will, stand nach dem Tod meiner Mutter für mich fest.

Nachdem sie gestorben war, übernahmen die Stadt und das Jugendamt die Vormundschaft für uns – vertreten durch Gerhard. Normalerweise ist das nur ein

Amtsvorgang, aber ihn hat unsere damalige Lebenssituation emotional betroffen. Er hat sich intensiv um uns gekümmert und sich persönlich engagiert. Wir verbrachten die Wochenenden bei ihm und seiner Frau Dagmar. Aus dieser Beziehung ist im Laufe der Jahre ein „Familienersatz" geworden. Der Sohn von Gerhard und Dagmar, Lars, ist mit mir als „großer Schwester" aufgewachsen.

Ich habe vier Jahre lang in einem Kinderheim gelebt. Dieses Kinderheim gibt es noch, es ist umgeben von einer Mauer und einem Metallzaun. Um zur Schule zu gehen, musste ich aus diesem beschützten Bereich raus, das war grauenvoll. Ich musste mich daran gewöhnen, ganz allein zu sein, nicht mehr beschützt zu sein, kein Zuhause mehr zu haben und trotzdem Menschen wieder zu vertrauen. Nach dem Missbrauch habe ich Männern nicht mehr getraut, sie machten mir Angst und ich empfand sie als Bedrohung. Der beschützende Bereich im Kinderheim und bei Gerhard und Dagmar hat mir die ersten Jahre geholfen, mit der veränderten Lebenssituation zurechtzukommen. Mit 19 bin ich aus dem Kinderheim ausgezogen.

Ich hatte beides: die neue „Bilderbuch"-Familie bei Gerhard und Dagmar, also Mutter, Vater, Kind, Großeltern und so weiter; und auf der anderen Seite diesen absoluten Bruch, in dem ich großgeworden bin. Ich habe immer gedacht, dass ich das, was Dagmar und Gerhard tun – gemeinsam die Verantwortung für Kinder übernehmen –, nicht kann. Ich glaube, dass ich dieses Urvertrauen in einen anderen Menschen nicht habe. Die einzige, der ich richtig vertraue, weil ich glaube, sie zu kennen, bin ich. Ich weiß, was ich kann und was nicht –

und ich habe mir nie zugetraut, ganz alleine ein Kind zu begleiten und vor allem zu beschützen.

Ich habe mir viele Gedanken gemacht, warum das so ist, was mir daran Angst macht oder warum es für mich so feststeht. Nochmal deutlicher ist es geworden, als ich mit 21 Michael kennenlernte, den Mann, den ich später geheiratet habe.

Der Plan mit der Sterilisation

Für meine neue Familie war es manchmal schwierig, dass ich keine Kinder will. Mit 22 wollte ich eine Freundin nach Holland zur Sterilisation begleiten und diese auch an mir vornehmen lassen. Beim Mittagessen mit Michael, Gerhard und Dagmar habe ich gesagt, ich hätte einen Termin und würde mich sterilisieren lassen. Alle haben superaufgeregt reagiert. Ich habe den ganzen Buhei nicht verstanden. Ich dachte: „Sind die alle bescheuert? Was wollen die von mir?“ Gerhard sagte: „Du bist viel zu jung, das betrifft dein ganzes Leben!“ Und Dagmar meinte: „Das geht so nicht. Du kannst so eine Entscheidung jetzt nicht treffen. Du könntest bis Ende 30 Kinder bekommen.“

Ich habe die Diskussion irgendwann abgebrochen und ihnen später mitgeteilt, dass ich den Termin erst mal aufschiebe. Letztendlich habe ich meine Freundin begleitet, mich aber nicht sterilisieren lassen.

Es gab danach lange Gespräche mit Michael. Für ihn war eigentlich immer klar, er will keine Kinder. Aber er wollte sich nicht sterilisieren lassen. Ich musste lernen, dass man solche Entscheidungen gemeinsam fällt, wenn man in einer Beziehung lebt. Michael war sehr getroffen und verletzt, weil ich ihn nicht beteiligt hatte. Es schien mir vorher so klar, dass es eben nur mich angeht. Es ist ja mein Körper!

Jeder entscheidet selbst über sein Leben

Gerhard und Dagmar, die mich mit ihrem Sohn Lars erlebt haben, sagten manchmal: „Du machst das so toll, wir verstehen gar nicht, dass du keine eigenen Kinder willst!“ Sie haben immer mal wieder versucht, mit mir über dieses Thema zu reden, aber nie Druck ausgeübt.

Meine Freunde äußerten ebenfalls Bedauern: „Du magst doch Kinder, wieso willst du keine?“ Ich konnte das gut nachvollziehen. Heute bin ich 48, jetzt fragt keiner mehr. Die Hochphase war so zwischen 30 und 40, wo ich dauernd erzählen musste: „Nein, ich will keine Kinder.“ Wenn ich heute mit Leuten darüber diskutiere, kann ich sehr deutlich sagen, dass ich aus persönlichen Gründen keine Kinder haben wollte, Gründen, die nur mich etwas angehen. Und dass ich gut damit leben kann, keine Kinder zu haben. Ich finde, es bedeutet eine große Verantwortung, Kinder zu bekommen. Ich bin mir dessen bewusst und habe mich dagegen entschieden.

Von Leuten, die ich nicht so gut kenne, bin ich auch schon unangenehm angegangen worden. Manche meinten, mir sagen zu müssen: „Nur die Karriere zählt für dich, du willst bloß Geld scheffeln.“ In der Altenpflege! Da kann ich nur müde lächeln. Mir wurde auch vorgeworfen, dass ich sehr egoistisch bin, nur mich sehe und niemand anderen, dass ich keine Verantwortung für diese Gesellschaft trage – auch von Leuten, die wussten, welchen Beruf ich habe. Ich kann dann sehr deutlich werden: Erstens gibt es keinen Gebärzwang – den haben wir noch nicht. Das kommt vielleicht irgendwann, aber ich erlebe es nicht mehr. Und zweitens habe ich immer gearbeitet, das heißt, ich habe immer Steuern gezahlt.

Die Pauschalisierung ärgert mich. Frauen, die keine Kinder wollen, sind karrieresüchtig, geldgeil, egoistisch und drehen sich nur um sich selbst. Wollen nur Party machen und keine Verantwortung übernehmen. Oder sind Lesben. Ich kenne viele Frauen, die aus den verschiedensten Gründen keine Kinder haben. Ich kenne auch ein paar, die in das geschilderte Schema passen. Aber auch das ist völlig in Ordnung. Es ist unser Leben! Jeder entscheidet selbst über sein Leben, niemand anders. Ich bin als Frau nicht zur Welt gekommen, um zu gebären. Ich bin zur Welt gekommen, um zu leben!

In der Beziehung kaum Thema – aber danach

Ich hätte mir nie einen Mann oder eine Frau gesucht, der oder die Kinder haben will! Diese Diskussion wollte ich nicht. Bei meinem Mann Michael war von Anfang an klar, dass er auch keine Kinder wollte.

In unserer Ehe waren Kinder trotzdem zwischendurch Thema, zum Beispiel als die Zwillingstöchter einer engen Freundin von mir zur Welt kamen. Sie mussten in den Brutkasten, und ich bin jeden Tag nach der Arbeit hingefahren und habe sie mir angeguckt. Ich war da, als sie zum ersten Mal aus dem Brutkasten kamen, ich habe sie gewickelt, später haben sie Wochenenden bei uns verbracht und wir waren gemeinsam im Urlaub. In solchen Situationen hat mein Mann öfter gesagt: „Mensch, wie wäre das?“

Der Kinderwunsch meines Mannes hat sich verändert, mit Ende 30 ist er nachdenklicher geworden. Wir haben uns vor zwei Jahren getrennt. Vor ein paar

Monaten meinte er, dass vielleicht alles anders geworden wäre, wenn wir Kinder gehabt hätten. Nein, ich glaube, es wäre nichts anders geworden. Aber das ist seine Vorstellung. Er sieht gerade seine Neffen und Patenkinder großwerden, seine Freunde sind alle Väter ... Vielleicht ist es aber auch so: Ich war immer sehr vehement, vielleicht hätte er Kinder bekommen, wenn er eine andere Partnerin gehabt hätte. Aber das kann ich nur vermuten.

Freundschaften sind intensiver geworden

Meine Freundschaften haben sich verändert. Mit unserem Freund sind wir früher in Urlaub gefahren. Das geht nicht mehr, seit er zwei Söhne hat. Mit meiner Freundin kann ich nicht mehr spontan losziehen, einfach anrufen und sagen: „Los, zieh dich an, wir treffen uns in einer Stunde!" Es gibt viele Freundschaften, die daran kaputtgehen. Bei mir war es aber gar nicht so. Ich kann es gut nachvollziehen, dass man nicht mehr ohne Weiteres losgehen kann, wenn man Kinder hat. Oder dass ich als Freundin zurückstecken muss.

Ich finde sogar, dass die Freundschaften durch die Kinder teilweise noch intensiver geworden sind. Ich komme auch nicht zu kurz. Gerade in der Trennungsphase waren meine Freunde für mich da, vor allem meine Freundin. Ich werde eher noch tiefer in diese Familien integriert.

Die Kinder sind eine Bereicherung, weil meine Freunde – und auch mein Bruder, seit er Vater geworden ist – sich verändert haben, intensiver geworden sind, reflektierter, emotionaler und geerdet. Das hat uns einander noch näher gebracht. Ich liebe meine Familie und

Freunde sehr und bin froh, dass ich sie habe. Dazu gehören die Kinder eben auch.

In den Familien sehe ich viel Druck und schlechtes Gewissen

In meinem Beruf als Altenpflegerin erlebe ich eine hohe Erwartungshaltung der alten Menschen an ihre Kinder. Ich komme oft in Situationen, wo ich die Kinder in Schutz nehmen muss. Dann sage ich: „Sie haben doch Ihre Töchter nicht zur Welt gebracht, damit Sie gepflegt werden!“ Bewohnerinnen, die früher selbst ihre Eltern gepflegt und betreut haben, haben mehr Verständnis für ihre Töchter, wenn die sie nicht zu Hause versorgen können. Sie wissen, wie anstrengend das ist und welche Konsequenzen es für das eigene Leben bedeutet. Die Töchter – selten die Söhne – erlebe ich oft mit einem absolut schlechten Gewissen. Sie haben selber Familie und sind berufstätig und tun schon viel. Manchmal muss ich einer Tochter deutlich sagen: „Sie fahren jetzt mal in Urlaub.“

Das große Thema in der Altenpflege ist nicht, ob man Besuch von Kindern bekommt, sondern der Verlust der Eigenständigkeit, die Abhängigkeit und das Einordnen in die Gemeinschaft. Sich auf den neuen Lebensabschnitt einzulassen, und das nicht nur mit Trauer. Wobei mir letztens eine neue Bewohnerin sagte: „Wenn ich gewusst hätte, wie gut es mir hier geht, wäre ich schon vor zwei Jahren eingezogen.“ Das erleben wir auch oft. Die Regelmäßigkeit und Sicherheit, die wir geben, entlasten viele – die Botschaft: Du bist nicht allein, egal in welcher Situation.

Ich erlebe keinen großen Unterschied zwischen kinderlosen Bewohnern und solchen mit Kindern. Das Bedürfnis nach Ablenkung, Besuch, Vertrautheit, Körperlichkeit und Eigenständigkeit haben alle gleich. Die Bewohner mit Kindern haben vielleicht ein bisschen regelmäßiger Besuch. Dazu muss man aber deutlich sagen, dass es funktionierende Familiensysteme kaum noch gibt. Ich arbeite im Moment in einem Altenheim mit über hundert Bewohnern. Davon bekommen vielleicht dreißig regelmäßig Besuch und haben Kontakt zu ihren Töchtern und Söhnen, alle anderen nur sporadisch oder gar nicht. Systeme, die vorher nicht funktioniert haben, funktionieren auch im Altenheim nicht! Wer vorher ein gestörtes Verhältnis zu seiner Mutter oder zu seinem Vater hatte, kommt nicht zu Besuch.

Wie ich vorher gelebt habe, ist entscheidend

Die Generation, die jetzt alt ist, hatte intensive Beziehungen eher nur in der Familie, kaum zu Freunden. Manchmal gibt es andere Beispiele, etwa bei Schulfreundinnen oder Nachbarn, die sich bei uns wiedertreffen. Das wird sich verändern, wenn Menschen ins Altenheim ziehen, die es gewöhnt sind, mit Freunden intensive Beziehungen zu haben.

Das Problem ist nicht das Leben im Alter, sondern das Leben vorher. Das hat nichts mit Kinderhaben oder -nichthaben zu tun, sondern nur mit einem selbst. Ich bin jemand, der sich auch gerne zurückzieht, ich lese, höre Musik, kann mich gut alleine beschäftigen. Ich kann auch einfach nur sitzen und denken. So ist es aber nur bei wenigen alten Menschen. Die meisten können es kaum aushalten, mal eine Viertelstunde allein zu sein. Das haben sie ihr ganzes Leben nicht gemacht, sie wissen nichts mit sich anzufangen. Deswegen versuche ich, in meinem Umfeld allen zu sagen: Ihr müsst euch jetzt auf das Alter vorbereiten. Nicht erst mit 70! Das funktioniert nicht.

Gerade in der Altenpflege macht man bisher alles an funktionierenden Familiensystemen, vor allem an den Frauen, fest. Dieses System kommt an Grenzen, wo keine Familienverbünde bestehen oder die Frauen ihr Leben anders gestalten. Das heißt, wir müssen andere Systeme schaffen. Wenn ich mal alt bin, brauche ich einen Service von Wasserkastenträgern, Einkaufsdiensten und ein vernünftiges Taxiunternehmen. Und eine Putzfrau. Das kriegen wir heute noch nicht bezahlbar und flächendeckend hin.

Ich werde bestimmt ins Altenheim gehen oder in eine Form gemeinschaftlichen Lebens und Wohnens. Ich glaube, irgendwann braucht man das Gefühl, nicht alleine zu sein. Im Alter macht Alleinsein oft Angst. Aber solange ich kann, werde ich eigenständig bleiben.

Die Gesellschaft behütet ihre Kinder nicht

Ich finde die gesellschaftlichen Debatten scheinheilig. Auf der einen Seite wirft man mir vor, dass ich keine Kinder in die Welt gesetzt habe. Auf der anderen Seite resultiert mein Wunsch, keine Kinder zu haben, aus meinem Leben, aus den Erfahrungen, die ich gemacht habe. Meine Mutter war geschieden und alleinerziehend, zu einer Zeit, in der das verpönt war. In der Grundschule waren wir nur zwei, die keinen Vater hatten. Mein Vater hat keinen Unterhalt gezahlt, wir haben Sozialhilfe bekommen. Es war hart, diesen Stempel zu haben: Sozialhilfeempfänger. Das ist heute nicht anders. Ein großer Teil der Frauen ist alleinerziehend, sie gehen arbeiten und verdienen teilweise nicht genug, um sich und ihre

Kinder ohne staatliche Hilfen durchzubringen. Trotz gesetzlichem Anspruch gibt es nicht ausreichend Kitaplätze oder Ganztagsschulen!

Solange eine Gesellschaft nicht fähig ist, ihre Kinder zu behüten, mache ich mir kein schlechtes Gewissen, weil ich keine Kinder habe. Ich würde Frauen eher sehr deutlich sagen: Überleg es dir wirklich gut, wenn du alleine bist und keinen Familie im Hintergrund hast. Kinder sind nicht nur eine Privatverantwortung. Wir sind alle verantwortlich für die Menschen, die in unserer Gesellschaft leben.

Ich frage mich oft, ob ich mich anders entschieden hätte, wenn wir andere Verhältnisse gehabt hätten, als ich Ende 20 oder Mitte 30 war. Ich weiß es nicht. Mein Problem war, dass ich mich nicht auf meinen Partner verlassen wollte und eben keinen familiären Rückhalt hatte.

Ich wachse immer noch

Ich bin froh, dass ich mich selber großgekriegt habe. Und ich bin immer noch nicht fertig mit Erwachsenwerden. Ich glaube, Frauen, die auch einen Missbrauch hinter sich haben, die aus gebrochenen Familien kommen, können das vielleicht ganz gut verstehen. Ich habe so viele Jahre gebraucht, um verzeihen und mich annehmen zu können. Wie hätte ich da ein Kind erziehen sollen? Ich bin jetzt 48 und erst seit ein paar Jahren einigermaßen heil. Wie hätte dieses Kind ohne Schaden groß werden können?

Manche werfen mir Egoismus vor: dass ich mich viel zu sehr in den Vordergrund stelle. Aber das ist mir egal, denn letztendlich muss ich nur vor mir bestehen. Das habe ich in diesen Jahren gelernt. Ich muss jeden Morgen in den Spiegel gucken können. Und das kann ich.

Ich will eigentlich nur leben, ganz normal, wie jeder andere auch. Dieses Leben ist lebenswert – ich habe nur dieses eine! Natürlich könnte ich auf einiges Geschehene in meiner Vergangenheit verzichten. Aber ohne all die Brüche wäre ich heute nicht die, die ich bin.

Ich finde es toll, wenn Frauen Kinder bekommen. Kinder sind wirklich ein Segen und die Zukunft. Und ich hoffe, dass es auch in Zukunft genug Frauen gibt, die Kinder auf die Welt bringen. Meine Neffen, die Kinder meiner Freunde – sie werde ich begleiten und freue mich an ihnen. Dieses Leben ist eine Herausforderung, und auch für sie wird es eine werden, ganz bestimmt. Aber es gibt genug Möglichkeiten, das Leben für sich selber so zu gestalten, dass es den Herausforderungen standhält.

Luise, 50, Beraterin in einer Arbeitsloseninitiative

Mit Kindern fühle ich mich einsam

Luise ist redegewandt und erzählfreudig, sodass wir lange beisammensitzen. Temperamentvoll schildert sie ihre Gedanken und Gefühle. Das Kinderthema beschäftigt sie schon lange, weil andere sie oft damit konfrontiert haben.

Sie spricht ausführlich von der Einsamkeit und Überforderung, die man mit Kindern erleben kann, von dem Machtgefälle, vom Gefühl, nur geben zu müssen, von den Verlusten, die man wegen Kindern haben kann. Besonders beschäftigt sie, wie tabuisiert diese negativen Erfahrungen von Eltern in unserer Gesellschaft sind.

Wenn man Luise kennt, wundert man sich zuerst etwas, weil sie mit einigen Kindern in ihrer Umgebung intensive Beziehungen hat und sich gerne mit ihnen beschäftigt. Aber sie sagt, das halte immer nur kurz, dann sei sie froh, sich wieder ihren eigenen Interessen zuwenden zu können. Schon mit 16 habe sie verkündet: „Kinder halten einen doch von allem ab, was interessant ist im Leben." Und das ist für sie zuviel anderes.

Als ich Anfang 20 war, war ich mit einem Mann zusammen, der eine kleine Tochter hatte. Ich lernte die Kleine kennen, als sie drei Monate alt war; wir waren sehr viel zusammen, eine Zeit lang hat sie sogar Mama zu mir gesagt. Ich habe sie zwei Jahre lang mehrfach pro Woche allein versorgt und wir hatten ein sehr vertrautes, zärtliches Verhältnis. Mit dem kleinen Menschlein war ich in gewisser Weise verwandt – seelisch, und sogar äußerlich sahen wir uns ähnlich. Und trotzdem gab es viele Momente, in denen ich eine unglaubliche Unlust gespürt habe, einen tiefen Verdruss. Sie hatte nun mal kindliche Bedürfnisse: unendliche Wiederholungen einfacher Handlungen und der ersten Worte, die Begeisterung für immer dieselben Bilderbücher, ständiges Fordern meiner Aufmerksamkeit und ständige Unterbrechung meiner Konzentration. Es gab einen Moment wie aus einem Hochglanzwerbeprospekt fürs Muttersein: Ich war mit der Kleinen allein. Ich saß im Ohrensessel, die Sonne schien in eine stilvolle Altbauwohnung, sie schlief in meinen Armen ein – und ich bekam einen Anfall tiefer Depression. Ich wusste: Das ist nicht mein Ort! Das hat mit mir nichts zu tun. Es war ein Gefühl tiefer Einsamkeit, des Abgetrenntseins vom „richtigen" Leben, das ich sonst nicht kannte. Ich war erschrocken darüber, weil es ja eigentlich ein schöner, besonders zärtlicher Augenblick hätte sein können. Als ich wieder mit einer erwachsenen Person sprechen konnte, war das Gefühl der Leblosigkeit sofort weg.

Ich muss es leider so hart sagen: Ich finde es oft langweilig mit Kindern – obwohl ich die Kleine geliebt habe und es auch spannende Momente mit ihr gab! Aber es war für mich zu wenig. Für mich bedeuten kleine Kinder gleichzeitig eine organisatorische und akustische Überforderung und eine krasse intellektuelle Unterforderung. Bis hin zu dem Gefühl, dass ich gar nicht mehr vorkomme und meine eigene Lebendigkeit wegpacken muss.

Ab da war es glasklar: Ich will keine Kinder.

Das Machtgefälle will ich nicht haben

Ein anderer Grund war, dass ich das unglaubliche Machtgefälle in der Beziehung zu der Kleinen stark gespürt habe. Das ist etwas, was ich nicht haben will. Ich brauche gleichberechtigte Beziehungen. Ich habe die Machtverteilung in meiner eigenen Familie als sehr ungerecht erlebt – weil es diese Ungerechtigkeit zwischen Erwachsenen und Kindern natürlich gibt und weil ich ein selbstbewusstes Kind war, das sich nicht unterordnen wollte. Und weil ich aus einer Familie komme, in der die Männer mehr zu sagen hatten als die Frauen, die Brüder mehr als die Schwestern.

Ich habe unter der Macht gelitten, die ich über das Kind hatte. Die zeigte sich in ganz banalen Situationen: wenn sie noch im Sandkasten bleiben, ich aber nach Hause wollte, weil ich Hunger hatte, es anfing zu regnen und sie ins Bett musste. Ich spürte: Wenn zwei Menschen unterschiedliche Bedürfnisse haben, dann wünsche ich mir, dass sie denen nachgehen können. Du Spielplatz, ich nach Hause, alle zufrieden. Aber ich war die Verantwortliche, ich musste versuchen, sie zu locken, zu überreden, und wenn das nicht klappte, sie packen und nach Hause tragen. Sie brüllte wie am Spieß, ich habe mich gehasst und sie gehasst und fand alles furchtbar.

Ich will niemanden manipulieren, weder zum Zähneputzen noch zum Schlafengehen noch zu Wichtigerem. Auch bei Erwachsenen ertrage ich es nicht, wenn sie sich unterordnen oder von mir verlangen, dass ich mich unterordnen soll. Ich will Beziehungen auf gleicher Augenhöhe, und das ist mit Kindern nicht zu haben, auch wenn man sie sehr ernst nimmt.

Kinderkriegen hatte nichts mit mir zu tun

Bis ich Mitte 30 war, habe ich nie über Kinder gesprochen. Die meisten von den früheren engen Freundinnen wollten auch keine. Es war schlicht kein Thema, wir waren mit unserem Aufbruch, dem Studium, Freundschaften und Liebesbeziehungen, dem Feminismus, unserem ganzen aufregenden Leben beschäftigt.

Irgendwann merkte ich, dass Kinder für Frauen um mich herum doch ein Thema wurden, aber auch da habe ich mich nicht verglichen und gedacht: Komisch, das beschäftigt mich ja überhaupt nicht. Kinderkriegen hatte nichts mit mir zu tun. Und so blieb das.

Als Bild taucht das Muttersein jetzt manchmal auf, seit ich mit meinem Freund zusammenlebe. Hans wäre so ein bezaubernder Vater! Wenn wir jetzt 25 wären und erst mal zehn Jahre zu zweit hätten, könnte ich nicht garantieren, dass ich nicht einen Kinderwunsch entwickeln würde – aber das ist dermaßen hypothetisch, ich wäre dann ein so anderer Mensch, dass ich eigentlich nicht mehr von „ich" reden kann.

Manchmal spielen Hans und ich mit der Fantasie, wie unsere Kinder wären: Es sind Zwillinge, sie sind vier Jahre alt und der Junge ist so entzückend wie Hans und das Mädchen mir ähnlich. Diese Fantasie ist schön für fünf Minuten, wir denken uns Geschichten aus, lachen und freuen uns – und dann ist es gut. Was zurückbleibt, ist: Ich möchte keine Kinder haben, aber ich würde sie gern mal kennenlernen. Das hatte ich tatsächlich nie mit einem der Männer vorher, auch wenn ich sie geliebt habe.

Die Fantasie ändert nichts; es gibt kein Bedauern, auch nicht den Wunsch, dass ich Hans fünfzehn Jahre vorher hätte kennenlernen wollen. Ich bedaure andere Dinge: dass ich nicht früher ein bisschen selbstbewusster war. Dass ich mich beruflich manches nicht traue, dass ich meine Ziele nicht klarer verfolge. Das sind die Dinge, von denen ich denke: Wenn ich 80 bin, könnte es sein, dass mir das in der Magengrube zieht. Aber nicht das Kinderthema.

Große Verluste wegen Kindern

Stark mit dem Thema konfrontiert wurde ich später, als enge Freundinnen, mit denen ich zum Teil in Wohngemeinschaften zusammengelebt habe, Kinder wollten oder Kinder bekamen. Da habe ich die verschiedensten Schattierungen erlebt: von denen, die einfach schwanger wurden und „Okay“ sagten, über die, die es planten und wo es klappte. Bis hin zu denen, die jahrelang trauerten, dass sie keine Kinder hatten, und immer mit den Tränen kämpften, sobald ein Kinderwagen in Sichtweite war. Eine Freundin konnte teilweise über nichts anderes mehr sprechen, weil sie so getrauert hat. Ich konnte irgendwann nichts mehr dazu sagen. Ich habe versucht, es zu respektieren, und wusste, es ist existenziell, aber ich konnte mich nicht einfühlen. Irgendwann ist es mir ziemlich auf die Nerven gegangen.

Es waren zum Teil starke Verlusterfahrungen, wenn Freundinnen wegen Mann und Kindern aus der Wohngemeinschaft auszogen. Es war die Erfahrung, dass ich etwas nicht teilen kann, dass mir etwas genommen wird – meine Freundin! – und dass ich nicht reiche. Menschen, die mir sehr wichtig waren, strebten aus etwas weg, was ich als Zentrum erlebte. Mich hat das sehr geschmerzt. Es war kein schönes Gefühl, dass ich ihnen strukturell etwas nicht bieten konnte. Dabei war ich auch sehr wichtig für sie – aber die Sehnsucht nach einem Leben mit Kind und Mann stand drüber.

Dass ich es akzeptiert habe, ging über den Kopf; gefühlsmäßig nachvollziehen konnte ich es nicht, dass jemand dermaßen andere Lebenswünsche hat. Da war ich genauso engstirnig wie Leute, die meinen, alle anderen müssten unbedingt Kinder kriegen wollen …

Eine langjährige Freundin beschwerte sich, als ich bei ihrer ersten Schwangerschaft nicht gleich Hurra schrie. Ich war vor den Kopf gestoßen: Dass sie Mutter wurde, bedeutete eine unglaubliche Veränderung für unsere Freundschaft, und ich brauchte Zeit, um das wirken zu lassen. Sie sagte fast trotzig: „Ich will, dass du dich mit mir freust." Das fand ich heftig, weil es so wirkte: Kinderkriegen ist was Heiliges, und meine Bedürfnisse als Freundin zählen nicht.

Manchmal ist es auch schwierig, dass dieser kleine Mensch eine wichtige neue Beziehung im Leben meiner Freundinnen geworden ist. Das ist so, wie wenn ein neuer Partner ins Leben einer vorher alleinstehenden Freundin tritt, das kann ein Erdbeben für eine Freundschaft sein. Das Kind einer meiner Freundinnen mag ich nicht sonderlich, wie ich ja auch Erwachsene manchmal spontan nicht mag. Das ist schwierig und trennend. Bei anderen empfinde ich die Kinder als Bereicherung, manche mag ich sehr und kümmere mich regelmäßig um sie – und ich bin wirklich dankbar dafür, dass Kinder in meinem Leben auf diese Weise einen Platz haben. Aber das weiß man vorher nicht, es gibt auch Freundschaften, die dann zu Ende gehen.

Familie ist kein Ort, an den ich wieder hinwollte

Ich nehme an, dass meine Herkunftsfamilie beeinflusst hat, dass ich keinen Kinderwunsch habe. Ich bin zwar in einer Großfamilie aufgewachsen, mit vielen netten Nachbarn und Nachbarskindern, es war immer Trubel. Alle hatten offene Häuser.

Aber ich habe kein positives Familienbild – weil es mir in meiner eigenen Familie zu oft nicht gut ging und weil ich von den allermeisten anderen Menschen auch nichts anderes höre. Ich kenne nur wenige Familien, von denen ich den Eindruck habe: Die mögen sich richtig, sie verbringen gern Zeit miteinander, jede und jeder kann sich entfalten. Sondern ich kenne so viele Familien, in denen es zu viele große Kränkungen und zuviel Fremdheit gibt. Und das hat bestimmt dazu beigetragen, dass Familie für mich kein „Ort" ist, an den ich jemals wieder hinwollte.

Mein Vater und meine Brüder waren ziemliche Machos, ein Bruder war körperlich und verbal übergriffig; das alles hat dazu geführt, dass ich lange Jahre mit Männern keine allzu große Nähe wollte. Und ich wusste auch immer, dass es für mich sehr schwierig werden würde, einen Sohn zu haben – ich war der Überzeugung, dass ich Schwierigkeiten gehabt hätte, den zu lieben.

Das ist bei meinen drei Schwestern, die sehr ähnliche Gefühle zu unserer Familie haben, anders: Sie wollten unbedingt Kinder und haben eigene Familien gegründet. Insofern kann man wohl keine einfachen Thesen aufstellen nach dem Motto: „Je unglücklicher die Kindheit, desto geringer der Kinderwunsch."

„Du lässt wohl lieber die anderen die Arbeit machen"

Ich habe schon blöde Unterstellungen gehört. Eine Bekannte, die gerade ihr drittes Kind stillte, sagte einmal zu mir: „Du lässt wohl lieber die anderen die Arbeit machen." Da stockte mir der Atem. Ich war völlig unvorbereitet, obwohl ich damals schon Anfang 30 war. Ich hatte noch nie davon gehört, dass Kinderlosigkeit etwas ist, was man jemandem vorwerfen könnte.

Heutzutage bekommen Menschen ihre Kinder doch freiwillig – warum muss man es hinterher überhöhen? Außerdem ist ein Leben doch nicht dann wertvoll, wenn es aus besonders viel Arbeit besteht und besonders wenig Freude und Freiwilligkeit. Ich finde es wichtig, dass die Menschen Erfüllung finden. Egal wie – ob man elf Kinder haben will oder gar keine. Ich frage mich viel eher: Wie schädlich oder nützlich ist das, was ich tue, für die Gesellschaft? Und nicht: Wie freudlos erfülle ich irgendwelche angeblichen Pflichten.

Ein wildfremder Mann warf mir einmal vor, ich sei egoistisch und was ich glaube, wer mal meine Rente bezahlt. Der Typ hatte übrigens auch keine Kinder. Solche Bemerkungen und die Debatten, Kinderlose seien schuld am finanziellen Untergang des Landes, machen mir durchaus Schuldgefühle. Die habe ich sowieso, weil ich mich bestimmten gesellschaftlichen und familiären Verpflichtungen immer entzogen habe, wozu das Nicht-Einnehmen der Mutterrolle auch gehört. Aber für mich gibt es das Ideal von Authentizität, Wahrhaftigkeit. Ich möchte ehrliche Beziehungen führen. Damit stoße ich andere vor den Kopf. Das weiß ich, das nehme ich in Kauf, aber ich habe Schuldgefühle.

„Du machst das richtig!“

Was ich allerdings oft erlebe, sind Eltern, die mir ihr Herz ausschütten: „Du machst das richtig!“ Oder: „Wenn ich gewusst hätte, wie anstrengend das ist, hätte ich mich anders entschieden. Ich war einfach naiv.“ Mir hat mal jemand prophezeit, ich würde im Alter alleine sein, und sofort schaltete sich eine Mutter von drei kleinen Kindern ein, deren Mann rund um die Uhr arbeitete, um die Familie zu finanzieren: „Na toll, dafür bin ich jetzt alleine!“ Ich habe tatsächlich eher Eltern kennengelernt, die auch die unglaubliche Anstrengung, die mit Kindern verbunden ist, offen thematisieren. Die von der Langeweile und der Einsamkeit erzählen, die sie mit Kindern auch erleben. Vielleicht tun sie das nur mir gegenüber, weil sie wissen, dass ich sie dafür nicht verurteile.

Eine Mutter von mehreren Kindern meinte: „Ich habe jahrelang wegen der Babys zu wenig geschlafen – die erste Lebensphase meiner Kinder habe ich gar nicht bewusst mitbekommen.“ Eine andere Mutter sagte: „Wenn ich mein Kind stille, fühlt sich das manchmal an, als wenn ich einen Vampir am Hals habe. Die ganze Energie rast aus mir raus.“ Und dabei liefen ihr die Tränen. Mal ganz abgesehen von schlimmen Geburtserlebnissen, von Problemen in den Schwangerschaften und beim Stillen, die mir erzählt wurden, bis hin zu Problemen mit Schreibabys, Kindern in der Pubertät, der Enttäuschung darüber, wie die Kinder sich als Erwachsene entwickeln. Also – wenn man da die Ohren aufsperrt, gibt es nichts zu idealisieren. Ich finde es wichtig, dass Eltern das aussprechen dürfen – auch damit andere wissen, auf was sie sich einlassen, und sich prüfen können, ob sie die nötige Stärke dafür haben und welche Unterstützung sie brauchen.

Die Deutschen sterben aus?

Dass angeblich die Deutschen aussterben – das hat überhaupt nichts mit meinem Lebensgefühl zu tun. Es deckt sich nicht mit meiner sinnlichen Erfahrung. Ich gehöre zu den sogenannten geburtenstarken Jahrgängen, und das hat mein Leben sehr geprägt: Ich saß immer in überfüllten Kindergärten, Schulklassen, Universitäten, ich habe mich immer überflüssig gefühlt, wusste, ich kriege kaum eine bezahlbare Wohnung, muss um einen interessanten Arbeitsplatz kämpfen. Mir kann keiner weismachen, dass ausgerechnet mein Kind hier gebraucht würde. Es ist eine glatte Lüge, wenn jemand behauptet, noch mehr Menschen hier wären wichtig. Es gibt keinen Platz und keine Wertschätzung für die vorhandenen. Das Lebensgefühl von Eltern ist doch: Fördern, fördern, fördern, mein Kind muss schon hochbegabt sein, damit es überhaupt eine Chance hat. Das ist gar nicht entspannt nach dem Motto: Wird schon, hier hat jeder seinen Platz und seine Aufgabe.

Aber auch wenn die gesellschaftlichen Bedingungen andere gewesen wären, hätte ich bestimmt keine Kinder haben wollen. Ich habe kein Bedürfnis, mich zu vermehren. Ich will meinen Körper für mich behalten. Ich kann mir nicht vorstellen, ein Kind zu stillen – im Gegenteil, ich werde aggressiv bei dieser Vorstellung.

Es fühlt sich richtig an

Wenn ich jetzt so lebe, wie ich will, wieso sollte ich es später bereuen? Ich habe schon viele Jahre sehr zufrieden verbracht in diesem Leben, und das ist etwas, wofür ich oft dankbar bin; es fühlt sich richtig an. Das heißt natürlich nicht, dass es mir immer gut ging. Aber es war mein Leben, und es entspricht mir. Ich habe unglaublich viele Erfahrungen gemacht, die ich nicht hätte machen können, wenn ich Kinder gehabt hätte. Ich hätte mich auch in meinen beruflichen Stationen nicht so stark engagieren können, mehrfach den Wohnort wechseln und neue Projekte anfangen.

Ich glaube, ich bin so auf die Welt gekommen, mit einer gewissen Art von Unruhe. Vielleicht bringt jeder sein Lebensthema mit, und ich musste halt bestimmte Erfahrungen machen. Wenn ich die nicht gemacht hätte – das würde ich bereuen.

Susanne, 51, Journalistin

Man kann so oder so leben, das wusste ich schon immer

Susanne hat in den 1980er Jahren in einer Großstadt Sozialwissenschaften studiert und sich mit vollem Elan in das alternative Studentenleben gestürzt: Die Welt zu verbessern und gleichzeitig eine gute Zeit zu haben, darum ging es ihr wie vielen anderen. Nach der Uni arbeitete sie lange bei einer kleinen politischen Zeitschrift für wenig Lohn; das Projekt war ihr sehr wichtig, und drum herum gab es das bunte Großstadtleben zu genießen. Nach einer Zeit im Ausland fing sie an, erfolgreich als freie Journalistin und Autorin zu arbeiten, und tut das bis heute.

An Susanne fallen uns sofort ihre Tatkraft und ihr Optimismus auf. Sie ist sehr aufmerksam, konzentriert und will – da sie „vom Fach" ist – viel zu unserem Buch wissen. Unser Gespräch ist sehr angenehm, wir lachen viel und freuen uns, miteinander zu diskutieren.

Mich hat nie beschäftigt, was andere Leute umtrieb: „Dann und dann will ich Kinder haben“, oder: „Ich will so leben, dass ich Kinder haben kann.“ Andererseits war es auch nie so, dass ich mir explizit keine Kinder gewünscht habe. Ich hätte es mir vorstellen können – aber nicht mit den Partnern, mit denen ich zusammen war, und nicht in den jeweiligen Lebensphasen. Ich habe mir auch nie den Partner daraufhin ausgesucht, wie das viele Frauen tun. Ich habe immer eher den Mann gesehen als ein zukünftiges Kind. Ich dachte: „Wenn ich den richtigen Partner finde und wenn es so sein soll, werde ich schon einen Kinderwunsch bekommen – aber wenn nicht, ist es auch nicht schlimm." Man kann so oder so leben, das wusste ich schon immer.

Eine Freundin von mir wurde mit 38 ungewollt schwanger und hat das Kind bekommen – und ich hatte schon vorher das Gefühl, sie wäre eine großartige Mutter. Sie hat jetzt einen tollen Sohn. Davor hatte sie immer gesagt, sie will ganz sicher keine Kinder, das hat sie aber nicht davor bewahrt, eine sehr glückliche Mutter zu werden ... Sie hat festgestellt, dass es doch das Richtige ist. Ich glaube, die Bandbreite ist unglaublich groß.

Karriere und Familie waren kein Thema

Ich weiß nicht, warum ich nie einen expliziten Kinderwunsch hatte. Es kann sein, dass meine Familiensituation einen Einfluss hatte, aber das weiß ich nicht genau. Es gibt ja viele Menschen, die unter ähnlichen Umständen aufwachsen und sich dann doch völlig unterschiedlich entwickeln. Da spielen so viele Faktoren eine Rolle.

Meine Eltern waren sehr jung, als sie mich bekommen haben, 18 und 21 Jahre, und ihre Ehe hielt nicht lange. Ich bin bei meinen Großeltern aufgewachsen, war nur am Wochenende und in den Ferien bei meiner Mutter, weil sie arbeiten musste. Zu meinem Vater hatte ich als Kind nicht viel Kontakt, weil er in einer anderen Stadt lebte. Ich hatte eine wunderschöne Kindheit und bin dafür sehr dankbar. Bei meinen Großeltern waren Kinder immer willkommen. Für meine geliebte Oma war ich so etwas wie ein unverhoffter kleiner Nachzügler – sie hat fünf Töchter großgezogen. Ich hatte 15 Cousinen und Cousins, und es war meistens jemand zum Spielen da.

Ich bin also, obwohl ich keine Geschwister habe, nicht als Einzelkind aufgewachsen. Meine Großeltern waren mir ein Vorbild für eine gute Familie.

In meinen 20ern war gerade die Hochphase der Alternativbewegung, da waren weder Karriere noch Familie angesagt. Kinderkriegen war in meiner Umgebung kaum Thema, als ich Mitte 20 bis Mitte 30 war. Den Mutterwahn, den es heute gibt, gab es damals nicht; Kinder liefen eher mit. Wenn jemand welche bekam, hab ich mich gefreut. Aber meine Verhältnisse waren andere.

Ich finde Kinder toll!

Mitte der 1990er Jahre war ich knapp drei Jahre mit einem geschiedenen Mann zusammen, der eine Tochter hatte. Ich nenne sie noch heute mein „Quasi-Kind". Sie ist jetzt 27, und ich bin mit ihr noch sehr eng verbandelt. Dafür bin ich dankbar, und auch für den Kontakt zu den anderen Kindern, den ich durch sie hatte. Ich habe eine Menge mitgekriegt, obwohl sie nicht ständig bei uns gelebt hat. Ich mochte sie einfach, und sie mich auch. Ich hatte natürlich eine dankbare Rolle: Ich musste keinen Muttersatz spielen, weil sie ja eine Mutter hatte. Es ist eine schöne Beziehung, und was sie so treibt, rührt mich im Innersten an. Ich liebe sie, und der running gag ist, dass sie mich immer am Muttertag anruft. Und ich habe schon ein bisschen mütterliche Gefühle für sie. Bei ihrem Abiball war ich ähnlich gerührt wie die richtigen Mütter, ich habe mich über mich selbst gewundert. Es gibt zwischen uns immer noch eine besondere Verbundenheit. Ich sage auch schon mal im Scherz zu ihr: „Denk an meine Enkel!"

Ich finde Kinder toll! Ich habe Freude an Kindern, ich mag unsere Nachbarskinder, ich freue mich, wenn jemand schwanger ist – wie gerade wieder eine Kollegin von mir. Mich rühren Kinder wirklich an, ich finde sie knuffig und habe sie gern um mich. Auch mein Patenkind macht mir Spaß; sie ist jetzt im schönen Alter von neun Jahren, aus dem Gröbsten raus und sehr offen. Ich finde es bereichernd, mit Kindern etwas zu machen, man sieht vieles mit anderen Augen.

Aber diese schönen Erfahrungen haben nie dazu geführt, dass ich unbedingt ein eigenes Kind wollte. Ich hatte auch nicht den Partner dazu. Meinen jetzigen Freund habe ich erst mit Anfang 40 kennengelernt. Mit meinen Partnern vorher wäre es nicht gegangen. Ich bin heilfroh, damals nicht schwanger geworden zu sein – obwohl ich natürlich nicht weiß, ob man das vielleicht nicht irgendwie geregelt gekriegt und sich am Ende doch gefreut hätte. Aber das ist nicht meine Herangehensweise.

Ich will als Mensch und als Frau wahrgenommen werden

Als ich etwa 40 war, hatte ich eine kurze Affäre mit einem Mann, der unbedingt Kinder wollte und sich gleich wieder von mir getrennt hat, weil er fürs Kinderkriegen schlicht eine Jüngere gesucht hat. Er hat sich gar nicht auf mich eingelassen, weil er nur seine späteren Kinder gesehen hat – die er mit mir nicht bekommen konnte; da hätte es, selbst wenn ich gewollt hätte, nur noch für eins gereicht. Das war mir fremd, und es hat mich gekränkt. Ich wollte nicht als potenzielle Mutter, sondern als Mensch und Frau wahrgenommen werden. Auf der anderen Seite dachte ich: Wenn er es unbedingt will, ist es auch gut, dass er konsequent ist, sonst macht man sich hinterher Vorwürfe, und dann hätte ich mich auch schlecht gefühlt. Das war das einzige Mal, wo das Kinderthema eine Beziehung zu einem Mann beeinflusst hat.

Und es war auch das erste Mal, dass ich mir Gedanken um mein Alter gemacht habe. Als ich danach meinen jetzigen Freund kennenlernte, der sechs Jahre jünger ist als ich, hatte ich aufgrund dieser Erfahrung zunächst große Probleme, weil ich dachte: „Wenn er mit einer Frau zusammen wäre, die sechs Jahre jünger ist als er, könnte er noch eine Großfamilie gründen." Aber er wollte auch nicht explizit ein Kind, und er redete mir aus, dass es ein Problem sein könnte. Wenn in unserer Beziehung ein Kind gekommen wäre, hätten wir es wahrscheinlich genommen, aber darauf angelegt haben wir es beide nicht.

Von „Nicht normal" bis „Lass sie mal"

Mein Freund und ich leben mit meiner Schwiegermutter im selben Haus. Sie mag mich und wir haben ein gutes Verhältnis, aber sie hätte sicher gern ein Enkelkind gehabt. Mein Freund hat eine behinderte Schwester, die keine Kinder bekommen kann. Meine Schwiegermutter hat mich früher schon gefragt: „Wollt ihr denn kein Kind?", und: „Ihr könnt ja auch eins adoptieren." Für sie tut es mir manchmal leid, dass wir ohne Kinder leben.

Trotzdem, was mich nervt, ist ihre Überzeugung: „Normal wäre es, Kinder zu haben." Das lässt sie ab und an fallen, mir gegenüber häufiger als bei ihrem Sohn. Dabei war ihr eigenes Familienleben auch nicht „normal". Bestimmt hätte sie es gern gehabt, wenn ihr Sohn so was gelebt hätte, und es ist sicher ein Versuch, ihre nicht heile Familie doch noch irgendwie heil zu kriegen. Wenn sie sagt: „Das und das ist normal, Kinder gehören zu einem erfüllten Leben dazu, das Leben muss doch weitergehen", ignoriert sie den Wert anderer Lebensweisen, die es auch gibt. Damit akzeptiert sie weder unsere Lebensform noch sich selbst als Mutter einer behinderten Tochter so richtig.

Mein Vater hat einmal gesagt: „Wieso habe ich eigentlich keine Enkel?" Da habe ich impulsiv geantwortet: „Das überleg' doch du dir mal." Das war eine Rückenmarksreaktion, wobei ich gar nicht weiß, ob mein Lebensentwurf irgendetwas mit meinem Vater zu tun hat. Aber weil er mir seine Frage vor die Füße geworfen hat, habe ich das gesagt. Danach hat er nicht wieder gefragt.

Ansonsten höre ich persönlich kaum Kritik an meiner Lebensweise – außer von einem Kollegen, der mal meinte, ich würde nichts für die Rentenkasse tun.

Ich habe eigentlich drei Väter: meinen leiblichen, einen „heimlichen" und den letzten Ehemann meiner Mutter. Der „heimliche" war in den 1960er Jahren mit meiner Mutter zusammen. Er war für mich sehr wichtig und ist es noch. Als ich ihm mit Anfang 30 sagte: „Jetzt kriegen sie alle Kinder", nahm er mich in den Arm und meinte: „Lass sie mal."

Einsam im Alter?

Kein Kind der Welt hindert alte Menschen daran, verschroben zu werden und einsam zu sein. Das sieht man überall, davor schützen Kinder einfach nicht. Es kann sein, dass man sich mit seinen Kindern nicht versteht, man kann sogar verbittern über Kinder. Dass man im

Alter zufrieden ist, Freunde und ein gutes soziales Netz hat, darum muss man sich selbst kümmern.

Vieles in der Kinderfrage halte ich für überhöht. Weil es normal ist, muss man da ganz viel hineingeheimnissen. Das halte ich alles für Quark. Man kann Glück und Pech haben mit Kindern, man kann mit und ohne Kinder glücklich oder unglücklich sein.

Ich hatte eine Großtante in Rom, die nie Kinder hatte. Sie war mit 86 noch so lebendig und wach wie wenige alte Leute, die ich sonst kenne. Ich habe sie sehr geliebt, und sie war ein Vorbild. Sie hatte viele andere Interessen, war alles andere als einsam, und hatte einen 14 Jahre jüngeren Mann. Und weil sie war, wie sie war, hatte sie auch viele Freunde und jugendliche Fans. Also, ich habe keine Bedenken, im Alter einsam zu sein, weil keine eigenen Kinder da sind.

Wir hätten die Ressourcen

Theoretisch finde ich es manchmal schade, dass wir kein Kind bekommen haben, obwohl wir in guten Verhältnissen leben und die Ressourcen gehabt hätten. Nicht unbedingt materiell, aber persönlich. Wir hätten die Großmutter im Haus, und mein Vater hätte sich wahrscheinlich mit seinem Enkel amüsiert. Wir haben einen großen Garten, während die Nachbarskinder auf einem handtuchgroßen Rasen spielen. Ich finde es manchmal ein bisschen ungerecht anderen gegenüber, weil wir in Verhältnissen leben, in denen es einem Kind gut gegangen wäre.

Ich hätte noch viel Liebe zu verschenken gehabt. Auch bei meinem Freund glaube ich, er wäre ein guter Papa geworden. Aber es ist nicht so, dass es mich zerreißt und ich denke, „es war alles falsch“, „wie furchtbar“ und „im nächsten Leben unbedingt“.

Das hört sich vielleicht alles sehr abgeklärt an – aber ich glaube, ich habe wirklich ein abgeklärtes Verhältnis dazu. Ich werde mich auch später nicht grämen, und die Lebensform, die wir haben, gefällt mir. Kinder haben ihre Vorteile, Kinderlosigkeit auch, und die sehe ich für mich sehr deutlich. Ich mache sehr gerne Sachen, die mit Kindern nicht gut vereinbar wären: Ich reise und wandere viel, bin gern unterwegs und unabhängig, konzentriere mich auf Dinge, lese und schreibe, habe gern meine Ruhe.

Es bedeutet mir auch viel, beruflich das zu tun, was ich wichtig finde, und nicht eine Arbeit machen zu müssen, damit die Finanzierung der Familie gesichert ist. Dieses Angebundensein und das Funktionierenmüssen würden mich beim Elternsein am meisten einschränken. Eine Freundin mit Kindern sagte einmal: „Krieg nie ein Kind, dann ist alles nur noch Muss, Muss, Muss ...“ Das fand ich abschreckend.

Wir geben der Familie Halt, nicht sie uns

Mein Alltag ist sehr erfüllt. Stabilität geben mir mein Liebster, meine Freunde und „Wahlverwandten“, meine Arbeit, meine Interessen. Wenn Menschen sagen, die Familie gibt ihnen Halt – bei uns ist es eher umgekehrt. Wir unterstützen unsere Eltern und meine behinderte Schwägerin. Das ist nicht ohne, und es wird in Zukunft sicher nicht leichter. Wenn mich das manchmal belastet, denke ich: Gut, wir haben keine Kinder, das ist eben unser „Päckchen“. Es geht uns gut, wir können von unserem Glück abgeben.

Ich würde ja gerne behaupten, dass ich mich mehr für soziale Dinge einsetze und mich wie zum Beispiel ein Rupert Neudeck in der Welt bewege. Solche Leute finde ich bewundernswert, aber ich habe dieses edle Gen nicht. Ich war früher viel idealistischer und habe mich mehr sozial engagiert; in vielen Bereichen bin ich inzwischen relativ desillusioniert und deswegen ein bisschen egoistischer geworden. Ich denke jetzt mehr: Das Leben ist kurz, ich will es auch genießen. Ich will gucken, dass es den Leuten in meiner Umgebung gut geht und dass ich mich für Dinge engagiere, die ich wichtig finde und tatsächlich beeinflussen kann. Aber es geht nicht so weit, dass mein Alltag davon bestimmt wäre.

Kinder sind nicht immer positiv für eine Beziehung

Eine Freundin, die auf einer spanischen Insel lebt und viel mit Touristen zu tun hat, erlebt viele Paare. Sie sagt, ihr kommen die Paare ohne Kinder meistens glücklicher vor, sie würden sich besser verstehen und hätten mehr Spaß zusammen. Das mag eine haltlose Theorie sein, aber wahrscheinlich weiß auch jeder Familienverfechter, dass ein Kind nicht unbedingt zur Qualität einer Beziehung beiträgt, sondern die Partnerschaft belasten kann. Man kann auch daran wachsen, aber ich halte es nicht für grundsätzlich positiv für eine Beziehung, Kinder zu haben. Nur wird das immer wieder behauptet, die Schwierigkeiten werden eher verschwiegen – das Kinderkriegen hat schließlich einen starken ideologischen Überbau.

Immerhin kenne ich zwei, drei richtig glückliche Familien, aber ich kenne auch furchtbare Varianten, wo die Eltern geschieden sind und die Kinder leiden und alle unglücklich sind, dass es nicht geklappt hat mit der tollen Familie. Und ich kenne Leute, die nur noch wegen der Kinder zusammen sind, das finde ich ganz gruselig.

Ohne Kinder ist man zeitlich und materiell freier, hat mehr Zeit füreinander, kann seine Interessen gemeinsam pflegen, sich aber auch Freiräume lassen – alles Dinge, die eine Beziehung entscheidend beeinflussen.

Chris, 40, Systemadministrator

Ich mag Kinder, aber ich will meine Freiheit

Chris ist auf dem Land in einer großen Familie aufgewachsen. Die Kinder mussten häufig mit anfassen, viel wurde aus dem großen Garten selbst geerntet und verarbeitet, es gab zahlreiche Tiere zu versorgen. Wenn er von seiner Kindheit erzählt, stehen die Arbeit und die Pflichten deutlich im Vordergrund. Mit 16 ging Chris in die Lehre als Elektriker. Er zog in die Großstadt und holte mit Mitte 20 sein Abitur nach. Auf Umwegen fand er zu seinem Beruf, den er sehr gerne ausübt: Als Administrator hilft er anderen, Probleme mit ihren Rechnern zu lösen. Und auch im Privatleben ist Chris ausgesprochen hilfsbereit und geschickt.

Er empfängt uns in einer hellen und einladenden Wohnung, die er mit seiner Freundin Mara teilt. Man sieht, dass hier ein Paar lebt, das auf Eigenständigkeit Wert legt; zum Beispiel haben beide ein eigenes Zimmer und einen eigenen Telefonanschluss. Gleichzeitig wird die große Verbundenheit zwischen den beiden deutlich.

Ich habe nicht „keinen Kinderwunsch" – ich habe den ausdrücklichen Wunsch, ohne Kinder zu leben! Was etwas anderes ist. Ich habe mich nicht gegen Kinder entschieden, sondern für ein Leben ohne Kinder. Leute mit einem Kinderwunsch entscheiden sich ja auch nicht „gegen die Freiheit" oder „gegen Unabhängigkeit".

Ich mag Kinder, ich finde sie super. Aber nur weil ich etwas mag, muss ich nicht alles daran haben wollen. Ein Kind einen Nachmittag lang zu betreuen, macht mir großen Spaß, aber dann ist es auch gut.

Mit 18 oder 20 waren meine Partnerinnen Studentinnen und es war damals einfach nicht an der Zeit, Kinder zu haben. Ich habe mir darüber keine großen Gedanken gemacht. Mit Ende 20 kam ich mit einer Frau zusammen, die ein sechsjähriges Kind hatte. Da musste ich mich damit auseinandersetzen. Und es war klar: Das kann irgendwie funktionieren, auch wenn ein Kind ursprünglich nicht mein Wunsch war. Vom Gefühl her hätte ich es durchgezogen, das Kind war dabei, es ging nicht ohne. Bevor die Beziehung fester wurde, war sie aber auch schon wieder vorbei, wir haben uns einvernehmlich getrennt.

Ich kann es nicht an einem Datum, einer Beziehung oder einem Ereignis festmachen, dass ich gesagt habe: Ich will definitiv nicht. Es hat sich entwickelt, dass der Kinderwunsch nicht nur nicht da ist, sondern dass ich ausdrücklich keine Kinder will.

Das war mir schon klar, bevor ich meine jetzige Freundin Mara kennenlernte. Ich weiß aber auch, dass es eine Theorie ist – wenn Mara trotz Verhütung schwanger werden sollte, muss man neu nachdenken. Es ist ein ganz anderer Vorgang, etwas nicht haben zu wollen oder etwas aktiv wegmachen zu lassen, abzutreiben. In einer solchen Situation habe ich noch nie gesteckt und mir ist bewusst: Das kann so viel mit einem machen, dass man vielleicht trotzdem noch nicht unbedingt Kinder haben will – aber bevor man abtreibt ... In dem Fall muss man neu in sich reinhören.

Ich will mein Leben nicht derart ändern

Es ändert sich wahnsinnig viel, wenn man ein Kind hat. Man ist rund um die Uhr Papa und Mama und nicht mehr Mann und Frau. Man hat 24 Stunden am Tag die Pflicht, sich um ein Kind zu kümmern. Für ein paar Stunden, einen Nachmittag oder ein Wochenende finde ich das nett, aber mehr nicht. Ich habe kein Bestreben, mein Leben derart zu ändern. Ich muss auch nicht in einer afrikanischen Goldmine arbeiten, nur weil ich einen Ring tragen will. Zum Elternsein gehören so viele Dinge, die ich nicht haben und machen will: Ich will nicht fünfmal in der Nacht wach werden müssen und den ganzen Tag einen kleinen Menschen mit mir rumschleppen. Das ist für mich nicht die Erfüllung.

Ein Kind wäre für mich auch kein Ausdruck unserer gemeinsamen Liebe. Ich liebe meine Freundin sehr. Aber ich brauche nichts Drittes, keinen anderen Menschen, über den ich das ausdrücken will.

Ich habe ein großes Ruhebedürfnis. Ich will nicht alle 20 Minuten aufstehen und du-du-du mit dem kleinen Sohn oder der Tochter machen. Ich treffe mich auch gern mit Freunden, gehe aus, sitze am Rechner, schlafe gerne ordentlich durch, bin oft bis nachts um zwei Uhr wach, fahre Fahrrad ... Meine Beziehung ist mir sehr wichtig, dafür brauche ich auch viel Zeit! Alles Dinge, die Leute mit Kindern vor deren Geburt ebenfalls wichtig fanden.

Natürlich ist es mit Kindern auch möglich, ins Kino zu gehen, wenn man Eltern oder Schwiegereltern nebenan wohnen hat, wenn man Freunde hat, die einspringen, wenn man wahnsinnig organisiert und nicht zu müde ist. Und wenn man nicht gerade an dem einzigen kinderfreien Tag 50 andere Sachen tun muss, die man nicht machen kann, wenn die Kinder da sind. Die Spontaneität ist das, was ich nicht aufgeben möchte. Eltern sagen oft, sie könnten immer noch viel unternehmen. Aber wenn man fragt: „Wann warst du das letzte Mal im Kino?", antworten sie: „Ja, ähm, also, seit dem Kind eigentlich nur noch einmal", oder so ähnlich. Von so einem Kinobesuch zehren sie dann drei Jahre. Ich will nicht von irgendwas zehren.

„Freiheit" beschreibt es am besten: tun zu können, was man will. Nicht dass ich jeden Tag etwas Großartiges unternehmen würde, aber ich will nicht jeden Tag für ein Kind da sein müssen. Oder auch die Freiheit, zu sagen: Nein, heute will ich nicht ins Kino. Das ist eine andere Entscheidung als: Ich muss heute aufs Kind aufpassen, ich kann nicht ins Kino gehen. Man geht in beiden Fällen nicht hin, aber es ist eine ganz andere Sichtweise.

Es spricht nichts für ein Kind

Für mich gibt es kein Motiv, ein Kind zu wollen. Es ist nicht der Sinn meines Daseins, ein Kind zu haben. Ob die Ursachen in meiner Familie vergraben sind: keine Ahnung. Vielleicht hat mein Vater sich mal den Kopf gestoßen und ich denke deswegen, ich will keine Kinder? An diese Art Küchenpsychologie glaube ich nicht. Für mich ist entscheidend, was ich mit Kindern verbinde: den enormen Aufwand.

Ich weiß auch nicht, ob ich Kinder haben wollte, wenn die gesellschaftlichen Bedingungen andere wären, zum Beispiel wenn die Betreuung gesichert wäre. Es geht mir nicht nur darum, wie viel Zeit man mit seinem Kind verbringt. Man muss sich mit viel mehr als mit der täglichen Betreuung und Versorgung auseinandersetzen. Extrem ausgedrückt: Ich will auch kein Kind haben, das ich ins Heim schicke und zum Spazierengehen abhole. Es geht nicht nur um Unbequemlichkeiten wie füttern, betreuen und Windeln wechseln. Die komplette Verantwortung für ein kleines Lebewesen ist es, die ich nicht haben will.

„Ach – du kannst ja mit Kindern umgehen!"

Ich verbringe gerne Zeit mit Kindern von Freunden oder dem Neffen meiner Freundin. Ich spiele und unterhalte mich gern mit ihnen – was man so Unterhaltung nennt bei einem Ein- oder Zweijährigen. Ich habe auch kein Problem, mich dabei vor anderen Erwachsenen zum Affen zu machen. Ich besorge den Nachbarskindern Wasserpistolen oder Malkreide. Wenn wir Freunde mit Kindern besuchen, schaue ich, dass wir kleine Geschenke dabeihaben. Ich mag sie halt.

Ich finde es auch faszinierend, wenn jemand ein Kind kriegt. Das ist schon eine dolle Nummer und ich kann mir vorstellen, dass einen das umhaut. Aber es ist trotzdem nichts für mich.

Freunde von mir, die Kinder bekommen haben, haben sich zum Teil verändert und nun einen anderen Umgang mit der Welt. Dadurch hat sich teilweise auch die Freundschaft verändert. Man ist nicht mehr gemeinsam bis morgens in der Kneipe, man geht in den Tierpark.

Positiv verändert hat sich, dass ich mittlerweile höre: „Ach, du kannst ja mit Kindern umgehen!" Denn meine Aussage: „Ich will keine Kinder haben", ist nicht immer verstanden worden. Bei manchen kam sie an als: „Ich mag keine Kinder." Das ist in den letzten Jahren anders geworden, weil meine Freunde mich nun mit Kindern erleben und sehen, dass ich Kinder mag. Ich fühle mich heute besser verstanden. Ein Freund sagte mir: „Jetzt weiß ich, was du meinst, wenn du sagst, du magst Kinder, aber du willst keine haben!“ Vorher haben meine engen Freunde mir auch geglaubt, aber es waren eben nur Worte. Also, die Leute glauben nicht mehr, dass ich Kinder auf dem Spielplatz mit Steinen beschmeiße – dieses krasse Bild hatten manche Leute wohl von mir. Es ist ja auch nicht so einfach, das zu erklären, wenn man kaum Kontakt zu Kindern hat.

Weil sich die Wahrnehmung meiner Freunde verändert hat, bin ich jetzt auch Pate geworden. Die Freundschaft zum Vater des Kindes ist dadurch aber kaum anders geworden, es ist eine gute und tiefe Freundschaft. Es war eher ein Detail an der siebten Nachkommastelle, das sich geändert hat.

Mir wurde vorgeworfen, ich sei verantwortungslos

Ich hatte schon oft den Eindruck, dass sich Leute mit Kinderwunsch eher angegriffen fühlten und das Gespräch relativ schnell zu Ende war, wenn ich gesagt habe: „Ich will keine Kinder, aus folgenden Gründen.“ Ich habe auch schon gehört, ich sei egoistisch und übernähme keine Verantwortung.

Als ich mit Mitte 20 eine feste Arbeitsstelle gekündigt hatte, um mein Abitur auf dem zweiten Bildungsweg nachzuholen, warf mir eine Bekannte in meinem Alter vor, ich sei sehr verantwortungslos, weil ich nun keine Kinder ernähren könne. Ich sagte: „Aber ich will gar keine Kinder haben!“ Ihre Antwort: Es bleibe verantwortungslos, weil ich jederzeit eine Frau treffen könne, die Kinder haben wolle. Ich war für diese Bekannte ausschließlich der Familienernährer, der Geld verdienen musste, und hatte – egal, was ich selbst wollte – Kinder zu kriegen. Das hat mich so fassungslos gemacht, dass ich sehr belustigt war. Zur Trauer war ich da nicht bereit, auch wenn das Gespräch ein Anlass dazu gewesen wäre.

Aber häufig sind mir solche Reaktionen nicht begegnet, eher Unverständnis: Leute sagten mir dann sofort, Kinder zu haben, sei doch so was Schönes. Wenn ich erklärt habe, wieso ich keine will, war gleich beleidigte Leberwurst angesagt, nach dem Motto: Du hasst Kinder und alle Leute, die Kinder haben wollen. Sie haben sich persönlich angegriffen gefühlt, weil meine Position ihren Lebensentwurf angeblich komplett infrage stellte. Anstatt zu merken, dass sie genau das mit mir taten.

Ich weiß, dass ich die Ausnahme bin

Meine Kollegen sind in dem Alter, wo viele von ihnen Kinder bekommen. Ich spreche Glückwünsche aus, freue mich für sie und frage, wie es mit der Elternzeit ist. Einige gehen in Elternzeit, andere aus den klassischen Gründen nicht: Sie ging schon vorher nicht arbeiten oder er verdient mehr Geld. Dass Mara und ich keinen Kinderwunsch haben, wird zur Kenntnis genommen und akzeptiert, zum Teil wird dann von anderen Leuten erzählt, denen es genauso geht.

Ein guter Kollege von mir, der Vater ist, äußert zwar manchmal Unverständnis, aber nicht auf der persönlichen Ebene. Er findet Vatersein super, weiß aber auch, wovon ich rede, wenn ich sage, ich will Ruhe und Freiheiten haben. Ein Leben wie meins käme für ihn dennoch nicht infrage. Von engen Freunden kamen nie Vorwürfe. Wir haben darüber gesprochen, wie es uns mit dem Kinderthema geht, und manchmal festgestellt, dass wir es unterschiedlich sehen. Ohne Groll, auf beiden Seiten ist Verständnis da.

Mir ist bewusst, dass mein Nicht-Kinderwunsch nicht üblich ist; ich weiß, dass ich die Ausnahme bin. Und deshalb habe ich dazu genügend Distanz. Aber ich finde es okay, wenn jemand Kinder haben will. Deshalb: Wenn jemand Probleme mit meinem Nicht-Kinderwunsch hat, dann sind das seine Probleme, nicht meine.

Eva, 78, Journalistin und Gutachterin im Ruhestand

Ich liebe mein Leben so, wie es ist

Eva ist eine beeindruckende Frau mit tiefer Stimme, die uns herzlich in ihrer stilvollen Wohnung begrüßt. Sie hat von unserem Buch über eine gemeinsame Freundin erfahren und war sofort bereit mitzumachen. Wir denken: Wenn wir mit 78 auch so offen, neugierig, zufrieden und eingebettet in gute Beziehungen sind, können wir uns beglückwünschen.

Einige Zeit nach dem Gespräch hat Eva das Bedürfnis, uns noch etwas zu sagen: Sie habe in ihrem Leben noch nie so ausführlich darüber nachgedacht, dass sie keine Kinder haben wollte. Seit dem Interview habe sie mit vielen Bekannten über das Thema gesprochen und ihr sei klar geworden, dass Menschen ohne eigene Kinder sich oft intensiv um Kinder anderer Eltern kümmern: als Paten, Freunde oder Stiefeltern, beruflich, ehrenamtlich oder privat. Sie möchte, dass wir dies unbedingt in unserem Buch erwähnen.

Ich bin im Krieg und in der Nachkriegszeit aufgewachsen. Mein Vater war Soldat, meine Mutter erzog mich und meine Schwester während der Kriegsjahre allein. Trotzdem hatten wir eine behütete Kindheit und fürsorgliche Eltern. Wir waren eine sehr zärtliche Familie. Ich habe mich immer gewundert: Andere Kinder gaben ihren Eltern die Hand, wenn sie ins Bett gingen! Bei uns wurde geherzt und geküsst. Aber wir waren oft dadurch eingeschränkt, dass elementare Bedürfnisse befriedigt werden mussten. Wir hatten Hühner und Kaninchen, gruben den Garten um und pflanzten Kartoffeln an. Wir mussten alle mitarbeiten. Manchmal fand ich es hart. Das war direkt nach dem Krieg in Dresden. 1950 sind wir nach Westdeutschland „rübergemacht" – wie man in Sachsen sagte – und mein Vater musste ganz von vorn anfangen.

Einen ausdrücklichen Kinderwunsch hatte ich nie. Als junges Mädchen dachte ich zwar, dass ich später heirate und automatisch Kinder auf die Welt kommen. Das war aber keine Wunschvorstellung, es gehörte damals einfach zum Leben, es war normal.

Manchmal dachte ich: Ich will nicht so ein Leben führen wie meine Mutter. Aber nicht im Hinblick auf Kinder, sondern eher auf die Ehe: diese absolute Hingabe, diese Überfürsorglichkeit! Mein Vater war nicht in der Lage, einen Kaffee zu kochen. Wir machten uns über meine Mutter lustig: Mein Vater brauchte morgens im Bad praktisch nur noch in seine Sachen zu hüpfen, alles lag bereit! Das fanden wir furchtbar. Aber wir dachten nicht: Nein, wir wollen keine Kinder haben. Wir fanden wahrscheinlich auch, dass wir prima Kinder waren.

Ab ins Ausland

Nach dem Abitur wollte ich ins Ausland und studieren. Damit konnte meine Mutter nicht viel anfangen, aber mein Vater war stolz. Ich habe von 1954 bis 1960 in Paris und London studiert. Erst ging ich mit einer Freundin zusammen nach Frankreich. Ein Jahr lang waren wir in Paris, danach ein Jahr in England, und dann hatten wir Lust, wieder nach Paris zu gehen, und beschlossen, Politikwissenschaften zu studieren. Ich hatte anfangs ein Stipendium, aber ansonsten jobbten wir und verdienten uns das Studium. Das war eine wunderbare Zeit.

Die Kinderfrage haben wir damals nicht thematisiert. Das lag sicher auch an unserem Alter, wir waren da zwischen 20 und 30. Es gab eine Freundin, die sehr jung heiratete, weil sie schwanger wurde. Wir freuten uns alle sehr für sie – und bedauerten sie gleichzeitig. Sie bekam zwei Kinder sehr schnell hintereinander, sodass sie mit dem Studium aufhören musste. Es ergab sich so, es war nicht geplant. Damals gab es noch nicht die Pille, man wurde schwanger und heiratete. Oder trieb ab.

Auch in meiner damaligen Beziehung waren Kinder kein Thema: Wir waren drei Jahre zusammen, aber wir sprachen nie über Kinder. Wahrscheinlich gingen wir beide davon aus, dass wir, wenn wir heiraten, auch Kinder kriegen. Wir waren beide Studenten, und unser Abschluss stand im Vordergrund. Und bevor uns das Thema beschäftigen konnte, trennten wir uns.

Ich arbeitete zuerst zwölf Jahre als Journalistin und berichtete vor allem über Afrika. In dieser Zeit war ich zwei Jahre in Mali. Als ich aus Mali zurückkam, stieg ich wieder in meinen Job bei einem Radiosender ein und hatte auch ein paar Karriereschritte gemacht. Aber die Arbeit befriedigte mich nicht mehr richtig, ich wollte etwas Konkretes machen, etwas wirklich Nützliches, worin ich mehr Sinn sah.

1974, mit 40 Jahren, begann ich ein Studium der Tropenlandwirtschaft und arbeitete danach als entwicklungspolitische Gutachterin. Ende der 1970er Jahre kamen die Frauen zum ersten Mal in der Entwicklungspolitik vor. Ich hatte das Glück, an einer Studie mitarbeiten zu können, die sich mit der Rolle von Frauen in der Entwicklung in Asien, Lateinamerika und Afrika beschäftigte. Und da die Frauen dort – vor allem in Afrika – in der Landwirtschaft eine sehr wichtige Rolle spielen, war mein Studium sehr geeignet dafür. So arbeitete ich seit

Ende der 1970er Jahre kontinuierlich im Bereich Frauenförderung, führte Evaluierungen und Machbarkeitsstudien durch. Später beschäftigte ich mich mit Genderpolitik und Selbsthilfeorganisationen.

Ich habe viel für unterschiedliche Organisationen in Afrika gearbeitet. Von 1979 an war ich noch mehr auf Reisen als vorher, teilweise sechsmal im Jahr: immer zwei bis drei Wochen unterwegs, wieder heimkommen, Bericht schreiben, wieder weg ... Das war ziemlich intensiv.

2001 ging ich in den Ruhestand, war aber noch im Vorstand einer Hilfsorganisation tätig.

Vorstellungen eines gelungenen Lebens

Ich denke, die Tatsache, dass ich mit 40 mein Zweitstudium begann, hatte schon was mit Midlife Crisis zu tun. Aber ich hatte keine Torschlusspanik, kein Kind zu haben, wie einige meiner Freundinnen in dem Alter. Warum das so war, weiß ich nicht.

Einmal stand ich kurz davor zu heiraten. Aber nicht, weil ich den dringenden Wunsch hatte, eine Familie zu gründen. Ich war verliebt, und es war eher, um der Norm zu entsprechen. In der damaligen Zeit stellte man sich unter einem gelungenen Leben eine Familie vor – mit zwei, drei Kindern und dem Ehemann, der das Geld verdient. Ich hatte auch Schulfreundinnen, die Abitur gemacht, ein paar Jahre studiert, geheiratet und Kinder bekommen haben, und es stand außer Frage, dass sie zu Hause bleiben und nicht ihren erlernten Beruf ausüben würden.

Es gab in der Zeit allerdings auch viele Frauen, die nicht verheiratet waren und keine Kinder hatten. Sie gehörten der Generation an, in der viele Männer im

Krieg getötet worden waren. Diese Frauen wurden sehr bemitleidet. Ich denke, es wurde ihnen auch eingeredet, sie hätten ein trauriges Schicksal, weil sie „keinen abgekriegt" hatten. Frauen aus der Generation meiner Mutter hatten außerdem meist nicht viele Freundschaften, in denen sie sich wirklich austauschen konnten und die sie trugen. Es war alles auf die Kleinfamilie konzentriert.

Ich hatte eine Menge Affären mit Männern, die ich nicht hätte heiraten wollen; insofern waren Kinder kein Thema. Dann war ich sieben Jahre mit einem sehr interessanten Mann liiert, den ich sehr geliebt habe. Irgendwann glaubte ich, ich sei schwanger. Wir hätten nie geheiratet, da waren zu große Unterschiede. Aber ich dachte: „Wenn ich von ihm schwanger bin, könnte ich mir vorstellen, das Kind zu kriegen." Es stellte sich dann heraus, dass ich gar nicht schwanger war. Ich war eher erleichtert. Ich hätte sicher materielle Unterstützung bekommen, um das Kind hätte ich mich jedoch alleine kümmern müssen – zumindest nehme ich das an. Die Vorstellung machte mir zwar keine Angst, aber ich war dann doch erleichtert, dass ich mein Leben, so wie es mir gefiel, weiterführen konnte.

Die Annehmlichkeiten des Singledaseins

Ich hätte mein Leben mit einem Kind anders einrichten müssen; und ich habe mein Leben, so wie es war, sehr genossen. Die Annehmlichkeiten des Singledaseins habe ich höher geschätzt als „die Freuden der Mutterschaft". Natürlich hat mein Beruf als Journalistin und später als freiberufliche Gutachterin mit den vielen Reisen dabei auch eine große Rolle gespielt. Ich habe eine Freundin in meinem Alter, die eine kleine Tochter hatte, als wir uns mit Ende 30 kennenlernten. Ihr Mann starb plötzlich. Sie war auch Journalistin und musste viel reisen. Das alles zu organisieren, war sehr schwierig, sehr kompliziert.

Eigentlich finde ich mich nicht egoistisch. Aber es entspricht der gängigen Vorstellung, dass es egoistisch ist, sein Leben nach dem Lustprinzip zu führen. Für mich war das mein Beruf, die Reisen, ich habe interessante Leute getroffen, ich habe viel gelernt. Das hat mich glücklich gemacht – glücklicher, als eine Ehe mich hätte machen können. Mein Leben war mir so lieber.

Ich gehöre nicht zu den Leuten, die ihr Leben geplant haben. Es hat sich immer ergeben. Es kamen Wünsche, Bedürfnisse, denen ich gefolgt bin. Genauso ist es mit dem Heiraten und Kinderkriegen: Es hat sich so ergeben, wie es mir in meiner Situation am besten passte. Ich habe weder meine berufliche Entwicklung noch mein Privatleben jemals bereut.

Ich finde, die Entscheidung für ein Kind bedeutet, eine große Verantwortung zu übernehmen, die ein ganzes Leben dauert! Ich könnte das nicht.

Manchmal gab es spitze Bemerkungen

Mir hat niemand gesagt, es werde auch für mich langsam Zeit, Kinder zu bekommen. Meine Mutter hatte sich damit abgefunden, dass ich – so unstet, wie ich bin – keinen Mann finden würde. Mein Vater freute sich sehr, dass ich studierte und Journalistin wurde. Für ihn war es keine Priorität, dass ich unbedingt heiraten und Kinder kriegen sollte.

Manchmal habe ich aber spitze Bemerkungen gehört. Von einem Kollegen bekam ich gesagt, dass Leute, die keine Kinder kriegen, egoistisch sind, wegen der Rente.

Ich würde später davon profitieren, dass er Kinder aufzieht. Ich antwortete: „Ich bin privat versichert. Geht mich nix an!" Als ich kündigte, um zu studieren, sagte ein anderer Kollege zu mir: „Du kannst es dir leisten, du hast ja keine Verantwortung." Ich erwiderte: „Ja, ich habe das so gewählt. Du hast es halt anders gewählt." Vielleicht bilde ich es mir ein, aber ich glaube, dass beide auch neidisch auf meine Freiheit waren.

An explizite Vorwürfe von Frauen kann ich mich nicht erinnern. Mir haben Frauen eher gesagt, ich hätte es richtig gemacht, einen Beruf zu wählen, der mich befriedigt und den ich Zeit meines Lebens ausüben konnte. Das haben mir auch heute 40-Jährige gesagt, die ihren Beruf aufgegeben oder gleich nach dem Studium geheiratet haben. Jetzt, wo die Kinder größer sind, fehlt ihnen der Beruf sehr.

Meine älteste Freundin aus Schulzeiten sieht das anders. Sie fragt mich immer, ob mir nichts fehlt. Aber da denkt sie eher an einen Mann. „Du bräuchtest doch was fürs Herz!" Dann denke ich mir: „Wenn du wüsstest!" Sie führt ein eher spießbürgerliches Leben, aber sie meint es lieb.

In Afrika habe ich unterschiedliche Reaktionen erlebt, wenn ich sagte, dass ich keine Kinder habe. In den Gesellschaften dort gibt es einen starken Zwang zum Kinderkriegen. Kinder sind ein Statussymbol, man muss möglichst viele haben. Das hat natürlich auch mit der Versorgungsfunktion von Kindern zu tun. Und für Männer sind sie der Beweis der Männlichkeit. Manchmal habe ich deshalb übertrieben traurig gesagt: „Kein Mann wollte mich!" Manchmal habe ich auch Kinder erfunden.

Ich möchte Kontakt zu Jüngeren haben

Ich will bitte keine Enkelkinder hier herumspringen haben! Ich finde Kinder sehr nett, aber ich könnte sie nicht immer um mich haben. Ob es eigene Enkelkinder oder die von Freunden sind. Man muss sich auf Kinder absolut konzentrieren, und das mache ich gerne für ein paar Stunden, aber dann reicht's. Sonst käme ich zu nichts anderem mehr, und ich müsste mir nachts Zeit freischaufeln, das möchte ich nicht.

Aber es ist nicht so, dass Kinder mich nicht interessieren! Ich beschäftige mich gerne mit ihnen, ich bin zum Beispiel Lesepatin an einer Schule. Die Kinder sind sehr aufgeweckt, und es macht mir viel Freude.

Ich möchte nicht ohne Kontakt zu Kindern leben. Meine Großneffen zum Beispiel finde ich entzückend und besuche sie, so oft es geht. Aber bitte nicht ununterbrochen, und nicht so, dass es mich einschränkt. Ich habe sechs Patenkinder, von denen das älteste schon 52 ist. Ich habe Kinder beim Großwerden begleitet – nicht ganz nah, aber kontinuierlich. Die Kinder, zu denen ich Kontakt hatte und habe, sind quasi in konzentrischen Kreisen angeordnet: Es gibt unterschiedliche Entfernungen und Intensitäten.

Ich habe auch Freundinnen, die vom Alter her meine Kinder sein könnten und die mir sehr nahe sind. Eine meiner jüngeren Freundinnen hat einen starken Kinderwunsch, und es sieht nicht so aus, als könnte sie sich ihn erfüllen. Das ist sehr traurig: Als Freundin leide ich mit. Ich denke aber auch: „Es gibt so viel anderes Befriedigendes, man muss sich doch nicht unbedingt auf ein Kind versteifen."

Meine Beziehungen kann ich selbst wählen

Alte Freundschaften haben sich durch Kinder eigentlich nicht verändert. Eher haben manche Eheschließungen sie beeinflusst, weil ich mit dem gewählten Partner oder der Partnerin nichts anfangen konnte. Zum Teil habe ich die Kinder meiner Freunde begleitet, wie bei meinen Patenkindern. Das hat unsere Freundschaft nicht negativ, sondern vielleicht sogar positiv beeinflusst. Manche Kinder habe ich sehr gern und sie mich auch.

Junge Frauen sagen mir manchmal, dass sie mein Leben interessant und ermutigend finden. Bei meinen jüngeren Freundinnen vertrete ich aber nicht etwa die Mutterstelle – das ist eine ganz andere Art von Beziehung. Ich habe mir diese Frauen als Freundinnen selbst ausgesucht, die unterstütze und fördere ich.

Ich habe auch zwei Nichten, die ich mag, mit denen ich aber nicht so viel anfangen kann. Wir haben zu wenige gemeinsame Interessen, und es ist nicht das Gleiche wie bei meinen Wahlverwandtschaften.

Für mich ist es der größte positive Wert meines Daseins als Single, dass ich mir alles aussuchen kann. Die Beziehungen kann ich selbst wählen, ich kann sie selbst gestalten.

Absurde Debatte

Seit 20 oder 30 Jahren heißt es immer mal wieder: Die Deutschen sterben aus. Als ob die Menschheit ausstirbt! Wir haben heute deutsche Kinder türkischen oder afrikanischen Ursprungs. Sie mögen anders aussehen, aber sie sind Deutsche! In meinem Leseclub waren im vergangenen Jahr 14 Kinder, nur einer von ihnen war ethnisch deutsch. Der Abstammung nach waren es sonst zur Hälfte Türken, dann ein Kosovare, ein Eritreer, ein Kongolese, eine Griechin, ein Marokkaner ... Aber alle sind hier geboren, sie sind deutsche Kinder!

Letztes Jahr hatte die Lehrerin, die den Leseclub betreut, mit einem Seniorenheim eine Absprache, dass die Kinder dort vorlesen. Der kleine Kongolese wollte gerne mitmachen, der liest sowieso am meisten. Wir sind also ins Heim gegangen und ich bin mit Jordi zu einer alten Frau ins Zimmer. Jordi hat ihr die Kölner Geschichte von den Heinzelmännchen vorgelesen. Und ich dachte: Das gibt's nicht! Wie findet das eine 90-jährige Seniorin, dass da so ein kleiner Afrikaner sitzt und ihr die Geschichte von den Heinzelmännchen vorliest!

Es gleicht sich doch aus – wenn die ethnisch Deutschen weniger Kinder bekommen und die Migranten mehr. Ich habe die Perspektive von jemandem, der die westliche Welt auch von außen gesehen hat. Das macht die Diskussion noch absurder.

Martin, 39, Support-Mitarbeiter

Kümmert euch um die Kinder, die es schon gibt!

Mit Martin treffen wir uns auf einem belebten Platz in der Stadt. Es ist ein schöner Sommertag: um uns herum Trubel, Eltern kaufen ihren Kindern Eis, die Cafés sind überfüllt. Mit Mühe ergattern wir einen halbwegs ruhigen Platz. Martin ist sehr offen und zugewandt; das macht es uns leicht, schnell in ein intensives Gespräch einzusteigen.

Martin ist ein systematischer Mensch, der alle Aspekte, die ihm wichtig sind, geordnet unterbringen will und pointiert und bissig formuliert. Als wir fragen, wie er und seine Freundin mit den Erwartungen umgehen, die die Gesellschaft an Kinderlose richtet, redet er sich in Rage. Er freut sich sichtlich, dass er seinem Unmut über die ungleiche Behandlung von Männern und Frauen einmal „offiziell" Ausdruck verleihen darf. Nachdem das Interview beendet ist, sitzen wir noch eine Weile beisammen und diskutieren lebhaft über Gott und die Welt.

Für mich stand schon ziemlich früh fest, dass ich keine Kinder haben möchte. Oder eher umgekehrt: Es kam bei mir nie ein Kinderwunsch auf. Dass ich dezidiert sage: „Ich will keine Kinder haben", hat sich eher spät ergeben, und zwar, als ich eine Partnerin gefunden habe, die genauso darüber denkt. Wir haben die Frage schon früh in unserer Beziehung geklärt.

Kinder wären denkbar gewesen

Ich hätte mich eventuell sogar breitschlagen lassen, wenn meine Freundin gesagt hätte: „Ich will unbedingt

Kinder haben.“ Ich habe etwas Ähnliches bei einigen Leuten erlebt, die im Begriff waren, Eltern zu werden, und zugaben: Vorher hätten wir das nie gewollt. Es hat sich plötzlich so ergeben. Es waren noch nicht mal die berühmten Trotz-Pille-Kinder, sondern die haben auf einmal einen Rappel gekriegt und wollten eben doch Kinder haben.

Ich würde also nicht unbedingt eine Beziehung beenden, wenn meine Partnerin doch Kinder will. Es ist zwar schwierig, es hypothetisch zu sagen, aber ich schätze mich so ein, dass ich, wenn ich die Frau sehr liebe, sagen würde: Wenn du willst, dann ist das so. Kinder in die Welt zu setzen und zu erziehen, ist eine schwierige Aufgabe. Wenn sie auf mich zugekommen wäre, hätte ich versucht, sie zu meistern. Für mich ist das sehr stark mit der Partnerschaft verbunden. Denn es gehören zwei Leute dazu, Kinder zu machen und großzuziehen.

Wenn ich rein rational darüber nachdenke, sprechen viele Gründe dagegen, Kinder zu bekommen. Ich fühle mich in meiner eigenen Lebenssituation zu unsicher, um ein Kind zu ernähren. Das hat zu einem geringen Teil die Entscheidung beeinflusst. Allerdings glaube ich nicht, dass es letzten Endes eine Entscheidung ist, die man mit dem Kopf trifft. Wenn der Kinderwunsch da ist und sehr manifest wird, bekommt man Kinder auch gegen alle rationalen Gründe. Sonst wären wir schon längst ausgestorben. Bei mir haben andere, persönliche Gründe die hauptsächliche Rolle gespielt.

Niemand soll so abhängig von mir sein

Ich mag grundsätzlich die Vorstellung nicht, dass jemand absolut abhängig von mir ist. Ein Kind wäre die ersten paar Jahre ohne mich überhaupt nicht lebensfähig. Es ist nicht so, dass ich generell Verantwortung scheue. Ich habe nur keine Lust auf diese Art Verantwortung: für die Existenz eines anderen Menschen. Dass ich jemanden mit ins Unglück reiße, wenn ich Mist baue. Das heißt nicht, dass ich ein Hallodri bin, der besoffen mitten auf dem Fahrstreifen Rumba tanzt oder auf dem Dachfirst spazieren geht. Aber trotzdem kann ein blöder Zufall oder Unfall passieren. Dann reiße ich im Zweifelsfall jemanden mit ins Unglück, der nichts dafür kann. Das ist eine sehr unbehagliche Vorstellung, der ich lieber aus dem Wege gehen möchte.

Dazu kommt noch: Meine Eltern haben sich sehr oft gezankt. Das ging manchmal ziemlich an die Substanz und so weit, dass ich den Eindruck hatte, meine Eltern erhalten ihre Beziehung nur noch aufrecht, weil wir Kinder da sind. Im Grunde waren sie dermaßen zerstritten, dass es besser für sie gewesen wäre, sich zu trennen. Sie sind noch heute zusammen. Meine Schwester und ich sind aus dem Haus, sie könnten sich trennen, wenn sie wollten. Aber jetzt wollen sie auch nicht mehr.

Dieser Situation will ich aus dem Wege gehen, weil sie für alle Beteiligten nicht schön wäre – für mich nicht, für meine Partnerin nicht, und für die Kinder ist es auch furchtbar, in dem Bewusstsein aufzuwachsen, dass ihre Eltern sich am liebsten die Augen auskratzen würden, sich aber beherrschen müssen, weil die Kinder da sind. Dabei ist es kein Einzelfall – das sieht man bei sehr vielen.

Wenn sich die Eltern trotz dieses Zwanges trennen, ist es auch nicht schön. Die Kinder sind dann ebenfalls nicht glücklich und werden zu Spielbällen, die ausgenutzt werden, um dem Partner, von dem man sich trennt, noch Schmerzen zuzufügen. Ich sehe es bei mir in der Nachbarschaft und habe es auch von anderen gehört, deren Eltern sich haben scheiden lassen. Das hält mich auch davon ab, ein Kind haben zu wollen.

Als wären wir noch nicht richtig erwachsen

Meine Eltern haben nie eine manifeste Erwartungshaltung an den Tag gelegt. Aber ganz subtil habe ich manchmal den Eindruck: Sie nehmen uns anders wahr, weil wir keine Kinder haben. Wenn es darum geht, wie verfügbar man in seiner Zeit ist. Das kann so ein verhältnismäßig banales Ding wie ein Familienfest sein, ob ein Geburtstagsfest oder Ostern, Weihnachten – es wird selbstverständlich erwartet, dass wir unsere Eltern besuchen. Was wir vorhaben, ob wir lieber in Urlaub fahren würden oder aus anderen Gründen verhindert sind, steht nicht zur Debatte. Das ist bei unseren Geschwistern mit Kindern deutlich anders. Von meiner Freundin wird erwartet, dass sie einmal im Monat ihre Oma besucht, die 300 Kilometer entfernt in einem Altenheim lebt. Dabei ist meine Freundin berufstätig, hat Verpflichtungen. Wenn man dann Nein sagt, reagieren zumindest meine Eltern etwas pikiert. Die Erwartungshaltung bleibt übrig: Die kriegen keine Kinder, aber wenigstens sind sie jederzeit abrufbar.

Auch darüber habe ich mit meiner Freundin geredet, und wir sagten beide: Da siehste's. Wir sind ja noch nicht mal verheiratet und leben in „wilder Ehe". Für unser beider Eltern ist das eigentlich kein Thema. Aber es hat Einfluss aufs Bewusstsein. Fast schon, als ob wir nicht richtig erwachsen wären. Noch in einem Vor-Erwachsenenstadium.

Dennoch ist es nicht so, dass von allen Seiten ständig Druck auf mich ausgeübt würde. Zumindest nicht in der Verwandtschaft.

Der Diskurs hat hysterische Züge angenommen

In der Gesellschaft ist es anders. Wenn irgend so ein bekloppter Werbespot kommt, „Deutsche, kriegt mehr Kinder, damit es mehr Deutsche gibt!“, erreicht er mich zwar nicht auf der emotionalen Ebene. Ich ärgere mich höchstens darüber, fühle mich aber nicht persönlich unter Druck gesetzt. Aber auf der rationalen Ebene frage ich mich: Hallo, habt ihr mal darüber nachgedacht? Wo sollen diese ganzen Kinder denn in den Kindergarten gehen, geschweige denn arbeiten? Da ist ja nicht einmal genügend Platz für die Kinder, die jetzt schon da sind. Es geht immer um den Schutz des ungeborenen Lebens, und alle sollen Kinder zur Welt bringen. Aber mit den Kindern lässt man die Leute allein. Ich würde mir wünschen, dass man sich ein bisschen mehr um die Kinder kümmert, die es schon gibt. Dass man eine vernünftige Betreuung gewährleistet. Dass man das Bildungssystem reformiert und für Chancengleichheit sorgt, damit wirklich jedes Kind, das auf die Welt kommt, eine vernünftige Ausbildung bekommen kann.

Man ist heute angeblich verpflichtet, allein wegen des Rentensystems Kinder zur Welt zu bringen. Dieser Diskurs hat in den letzten paar Jahren fast hysterische Züge angenommen. Es wird mit der schrecklichen Alterspyramide gedroht, und jeder, der sich nicht sofort ins Bett legt und Kinder zeugt, ist ein egoistisches Schwein. Ich wüsste gerne, wie viele dieser Quengler sofort ihren Rechtsanwalt einschalten würden, wenn in ihrer Nachbarschaft ein Kindergarten eröffnet werden sollte.

Den Druck aus der Gesellschaft erlebe ich schon ziemlich manifest. Manchmal kocht dann die Wut in mir hoch. Und wenn ich höre, die Deutschen sterben aus, denke ich: So what? Ich sehe das so: Es gibt eine Spezies Mensch, und für deren Fortbestand hat die Anzahl der Individuen eher ein bedrohlich hohes Ausmaß angenommen, als dass man sich sorgen müsste, dass es zu wenig Menschen gibt. Ich gehe schon samstags gar nicht mehr in die Stadt, weil mir da zu viele Leute rumrennen!

Männer werden eher in Ruhe gelassen

Ich nehme einen Unterschied wahr, wie Erwartungen der Gesellschaft an kinderlose Männer und Frauen herangetragen werden: Ich glaube, dass Männer eher in Ruhe gelassen werden, wenn sie sagen, ich will keine Kinder. Man ist bei ihnen eher bereit, das zu akzeptieren, als bei Frauen. Die sind noch mehr in der Pflicht, habe ich den Eindruck.

Ganz konkret: immer wenn es um die Frage geht, wie Frauen Familie und Beruf miteinander vereinbaren. Mir platzt regelmäßig der Kragen, wenn ich Artikel zum Beispiel zu dem Thema lese, mehr Kindergartenplätze einzurichten. Im Internet kann man dann im Forum Stellung nehmen. Und da wird immer auf die Frauen eingedroschen. Wie sie es machen, ist es verkehrt. Speziell Akademikerinnen! Wenn sie sich für den Beruf entscheiden, sind sie egoistische Karriereweiber, die ihren Auftrag in der Gesellschaft nicht wahrnehmen, nämlich Kinder zu kriegen, ist ja klar. Wenn sie aber sagen: So, ich widme mich jetzt der Familie und meiner Rolle als

Mutter, dann heißt es: Na toll, jetzt ist die für teuer Geld ausgebildet worden und will doch nur an den Herd. Das sind Anwürfe, die man als Mann nicht zu ertragen braucht. Ob ein Mann Kinder kriegt oder nicht, ist egal, er darf sich frei entfalten und frei entscheiden.

Schlimm benachteiligt, finde ich, sind alleinerziehende Mütter. Ich kenne eine alleinerziehende Mutter, die noch studiert und einen kleinen Sohn hat, und habe mitbekommen, welche Schwierigkeiten sie hatte. Und was ich in den Zeitungen lese: Alleinerziehende Mütter haben miese Einkommen, können nur halbtags arbeiten, müssen von der mickrigen Kohle noch das Kind mit durchbringen ... Von staatlicher Seite muss eine massive Förderung her, ohne großen bürokratischen Aufwand. An der Stelle kommt die Doppelmoral besonders zum Ausdruck: Alle Frauen sollen Kinder kriegen, aber alleinerziehende Mütter werden derartig im Stich gelassen. Da muss dringend was passieren.

Ich will mich weiterentwickeln

Was mir im Leben viel bedeutet? Ich will mich weiterentwickeln. Und zwar, bis ich in die Grube fahre, bis zum letzten Tag. Das heißt für mich: mehr Wissen erlangen, mehr Charakter. Es gibt ein paar Sachen, die mich an mir stören, ich will zum Beispiel mehr Gelassenheit entwickeln. Die fehlende Gelassenheit würde mich übrigens nicht gerade zum idealen Vater machen. Klar, man wird niemals perfekt, und andere Leute, die auch nicht perfekt sind, bringen dennoch brauchbare Kinder zustande. Aber das steht für mich der Sache auch ein bisschen im Wege: dass ich noch nicht fertig bin oder mich als noch nicht fertig empfinde.

Für mich ist auch wichtig, wie meine Freundin und ich unsere Beziehung weiterentwickeln. Da ist nicht dieser Zwang: Wir müssen uns jetzt in irgendeiner Form beherrschen, denn wenn wir uns zanken, sind wir dazu verdonnert, weiter zusammenzubleiben. Aufrichtigkeit ist in unserer Beziehung ein hoher Wert.

Tanja, 35, Lehrerin

Familie schadet Kindern ganz oft

Tanja heißt uns in ihrer Wohnung willkommen, die mit Pflanzen, kleinen Figuren, Tüchern und asiatischen Möbeln geschmackvoll eingerichtet ist. Sie ist ein Mensch, der zuallererst die Bedürfnisse anderer im Blick hat: So zaubert sie selbstgebackene glutenfreie Muffins hervor, weil eine von uns erwähnt hatte, dass sie Weizen nicht verträgt. Sie fragt uns, ob sie rauchen darf und ob wir uns wohlfühlen, bevor wir mit dem Interview beginnen.

Im Gespräch merken wir, dass Tanja zudem einen hohen moralischen Anspruch an sich und die Welt hat. Wenn jemand diesem nicht genügt, fällt es ihr sehr leicht, in Konfrontation zu gehen oder sogar den Kontakt abzubrechen. Das verleiht ihr eine große innere Stärke, die sie dazu nutzt, sich vehement für die einzusetzen, die Hilfe brauchen. Vor allem sind das die Kinder und Jugendlichen, die sie an einer Förderschule unterrichtet. Wir freuen uns für „ihre" SchülerInnen, eine Lehrerin zu haben, die mit so viel Herzblut bei ihnen ist.

Im Freundeskreis haben wir ungefähr ab 15 diskutiert, ob wir später Kinder haben wollen. Ich habe immer gesagt: „In zehn Jahren vielleicht." Ob man mich mit 16, mit 20, mit 29 Jahren gefragt hat: Meine Antwort blieb dieselbe.

Ich konnte es mir eigentlich nie wirklich vorstellen, dachte aber: Irgendwann verändern sich vielleicht die Lebensumstände so, dass Kinder für mich doch infrage kommen. Rein theoretisch würde ich deshalb auch jetzt noch sagen: „In zehn Jahren vielleicht." Denn vielleicht macht es ja doch noch Klick. Aber ich glaube es nicht.

Ich muss mich nicht reproduzieren

Wir waren in der Familie selbst nie sehr glücklich. Ich weiß aber nicht, ob das der Grund schlechthin sein kann, keine Kinder zu wollen. Meine Schwester hat einen sehr starken Kinderwunsch. Trotzdem ist es für mich auch eine Erklärung: dieses Wissen, wie viel Familie anrichten kann und dass darunter die Kinder leiden, die am wenigsten dafür können.

Man könnte auch denken: Man hat es in der Hand, man kann alles besser machen und die Familie so bilden, dass es fürs Kind gut ist. Diesen Wunsch habe ich aber nie verspürt: irgendetwas besser machen zu wollen. Ich habe auch immer gedacht, dass es schon genug Kinder gibt. Ich muss mich nicht reproduzieren. Ich halte es für größenwahnsinnig, zu sagen: „Ich muss unbedingt einen Teil von mir in die Welt setzen."

In meinen Beziehungen habe ich von Anfang an kein Hehl daraus gemacht, dass ich keine Kinder will. Ich dachte: Es ist die Entscheidung der Männer, ob sie mich so wollen oder eben nicht. Ich habe ihnen auch nicht gesagt: „In zehn Jahren vielleicht", sondern: „Ich kann es mir eigentlich nicht vorstellen." Man kann doch keinem Hoffnungen machen, das wäre schrecklich.

Alle Partner, die ich bis jetzt hatte, wollten Kinder und verstanden nicht, dass ich mir das nicht vorstellen kann. Da tauchte dieses Frauenbild auf, dass es unnatürlich ist, keine Kinder zu wollen. Oder sie sagten: „Du liebst mich nicht genug, sonst würdest du ein Kind von mir wollen!" Es kam aber nie dazu, dass die Beziehungen an der Kinderfrage kaputtgegangen sind. Ich habe mich auch nicht von den Diskussionen stressen lassen, ich bin relativ eigensinnig.

In meiner letzten Beziehung habe ich wieder von Anfang an gesagt: Ist nicht. Mein Partner sagte, dass er sich Kinder auch nicht vorstellen kann. Er sagte aber auch, wenn ich jemals meine Meinung ändere, dürfte ich ihm das sagen. Eine sehr angenehme Variante: kein Druck, und falls es in zehn Jahren doch anders sein sollte, wären Kinder tatsächlich denkbar.

Ich bin jetzt 35. Da fängt man an zu überlegen: Bereut man es in zehn Jahren, dass man den Schritt nie gegangen ist? Es ist schließlich leicht, Meinungen so lange zu haben, wie man sie noch ändern kann. Ich weiß nicht, ob bei mir die biologische Uhr irgendwann tickt und ob ich dann anders darüber denke.

Ich kann mir aber nicht vorstellen, dass ich meine Entscheidung bereuen werde, und Nachgrübeln darüber ist so zwecklos, wie über Geister nachzudenken. Genauso wie ich nicht weiß, wie mein Job in fünf Jahren sein wird oder wo ich in fünf Jahren wohnen werde.

Ich weiß nicht, wie oft ich mir von der Verwandtschaft Sätze anhören musste wie: „Warte, bis du den richtigen Mann hast, dann willst du auch Kinder." Aber die Abwesenheit des Kinderwunsches hat nichts mit einem Mann zu tun, sondern mit mir. Ich wüsste nicht, was für einer kommen sollte, bei dem ich denken würde: „Jetzt werde ich größenwahnsinnig, jetzt will ich mich doch reproduzieren!"

Meine Mutter will keine Babysitter-Oma sein

Meine Mutter fand es, glaube ich, immer schon beruhigend, dass ich mir keine Kinder wünsche. Im Jugendalter sagte sie mir: „Und denk dran, schwanger wirst du erst, wenn du auf eigenen Beinen stehst, sonst steht der Koffer vor der Tür!“ Nicht dass sie das wirklich ernst gemeint hätte. Aber sie ist sehr froh, nicht die Babysitter-Oma sein zu müssen, die mir den Nacken freihält. Ich glaube, sie würde sich dennoch über Enkel freuen, aber eher bei meiner Schwester, weil sie weiter weg wohnt.

Meine Mutter ist jetzt 66. Für sie gehörte es dazu, Kinder zu bekommen. Ob sie unbedingt Kinder haben wollte, weiß ich allerdings nicht. Ich kam selbst wohl auf die Welt, um ihre Beziehung zu retten. Ich könnte mir vorstellen, dass sie keine Kinder gehabt hätte, wäre sie 40 Jahre später geboren worden. Sie hat immer wahnsinnig gerne gearbeitet und ihr Ding gemacht. Sie ist zwar unheimlich hilfsbereit, aber was den Tagesablauf angeht, da ist sie schon sehr in sich. Sie würde mich aber heute auf gar keinen Fall missen wollen.

Meine Schwester ist zwei Jahre älter und hat keine Kinder, will aber welche, seitdem sie sechs ist. Sie steht genau auf der anderen Seite und findet es, glaube ich, ein bisschen absurd, dass ich mir keine Kinder wünsche. Sie käme auch sicher nicht gut damit klar, wenn ich ein Kind hätte und sie nicht. Aber unsere Wahrnehmung geht sowieso in allen Dingen auseinander.

Ich finde, mit einem starken Kinderwunsch baut man sich so hohe Hürden und macht sich selbst das Leben schwer. Ich denke dann schnell: „Es gibt doch noch andere Dinge!“ Wenn ein Wunsch nach etwas so groß ist, dass er das Leben im Hier und Jetzt stark beeinträchtigt, muss man ihn überdenken. Man könnte andere Wege finden, glücklich zu sein.

Kinder von Freunden gehören dazu

Meine Freunde sind mir wichtig: Ich möchte sie um nichts in der Welt missen und ich weiß, dass sie immer für mich da sind. Das, was von meiner Familie noch da ist, ist auch ein Halt, andererseits ist es sehr belastend, weil es nicht die Freiwilligkeit hat wie der Freundeskreis.

Jetzt, wo Freundinnen Kinder haben, finde ich es toll, mit denen Zeit zu verbringen. Für meine Freunde gehören ihre Kinder nun dazu, also auch für mich. Eine Freundin von mir hat zwei Kinder, und wir versuchen, mindestens einmal im Monat einen Kindertag zu machen. Das finde ich super – weil es ihre Kinder sind. In meinem Freundeskreis versuchen wir, dass es sich die Waage hält und wir uns abwechselnd mit und ohne Kinder sehen. Klar ist: Wenn wir uns mit Kindern sehen, unterhalten wir Erwachsenen uns kaum. Das funktioniert nicht, man kann sich höchstens Halbsätze zuwerfen.

Meine Schüler sind mir wahnsinnig wichtig

Ich bin Lehrerin an einer Förderschule für die Förderschwerpunkte Lernen und soziale und emotionale Entwicklung. An unserer Schule sind Kinder und Jugendliche von der ersten bis zur zehnten Klasse; ich habe die Abschlussklassen, also Schülerinnen und Schüler zwischen 14 und 18 Jahren.

Ich habe ein sehr enges Verhältnis zu vielen von ihnen und versuche, sehr für sie da zu sein. Wir haben das Klassenlehrerprinzip, das heißt, die 27 Stunden, die ich in der Woche unterrichte, bin ich in meiner Klasse. Dadurch kennt man sich viel besser als etwa an einem

Gymnasium. Da die meisten aus schwierigen Familienverhältnissen kommen, muss man während des Unterrichts viel mit den Jugendlichen reden, oder man setzt sich davor oder danach zusammen und sie erzählen von ihren Problemen. Für die meisten bin ich eine Vertrauensperson und weiß viel mehr über ihr Leben, als Lehrer es normalerweise tun.

Ich habe kein mütterliches Gefühl meinen Schülern gegenüber. Aber sie sind mir wahnsinnig wichtig und ich finde sie großartig. Dazu mischt sich auch ganz viel Mitleid. Ich versuche aber immer wieder, mir klarzumachen, dass diese Gefühle Teil meines Jobs sind. Ich weiß, dass die Jugendlichen nach den drei bis vier Jahren, die wir zusammen gelernt, gelitten und gearbeitet haben, gehen. Von den meisten sieht und hört man dann nichts mehr. Es würde mich ja umbringen, wenn ich für sie mütterliche Gefühle hätte! Nein, es ist ein Job. Einer, den ich mit nach Hause nehme und an dem ich abends oft leide. Aber trotzdem ein Job.

Starke Emotionen wecken in mir die kleinen, verzweifelten „Würmer“, deren Wortschatz und Verhalten schon mit sieben Jahren derart von Gewalt und Menschenverachtung geprägt sind, dass es schwierig ist, noch positiven Einfluss auszuüben. Sie haben in ihren jungen Jahren so viel Schreckliches erlebt, dass sie nicht fähig sind, eine Beziehung aufzubauen, geschweige denn wissen, was ein netter Umgang miteinander ist. Manche, denke ich, müsste man aus der eigenen Familie in gute und liebende Familienverhältnisse bringen, um ihnen die Chance auf ein besseres Leben zu geben, soweit das möglich ist. Dahin hat sich vielleicht dieser Aspekt des Bessermachenwollens verlagert, den ich in Bezug auf eventuelle eigene Kinder nicht kenne.

Ich weiß nicht, ob ich meinen Beruf noch so engagiert ausüben könnte, wenn ich Kinder hätte. In unserem Kollegium gibt es aber sehr viele Mütter, und die machen den Job ja auch. Ob es sich ausschließt, weiß ich also nicht. Wahrscheinlich hätte ich nicht mehr die gleiche Energie.

Ich werde im Job mit all dem konfrontiert, was nicht funktioniert

Kinderbetreuung ist für mich ein spannendes Thema und ich höre mir die Diskussionen und Verbesserungsvorschläge an, und zwar, weil ich Lehrerin bin. Ich warte immer noch auf den Tag, an dem es eine Kindergartenpflicht gibt, weil ich sie so wichtig finde. Dass Kinder ausschneiden, hüpfen, spielen und „zusammen leben und lernen“ lernen, ist grundlegend, sonst können wir uns an der Schule die Beine ausreißen, wie wir wollen. Ich werde in meinem Job mit den Folgen all dessen konfrontiert, was gerade überhaupt nicht funktioniert.

Ich wünsche mir, dass Kinder eine größere Wertschätzung erfahren. Und zwar nicht als „Humankapital“, das gebildet werden muss, damit die Renten sicher bleiben, sondern um ihrer selbst willen. Kinder verdienen die größtmögliche Unterstützung, einfach weil sie da sind. Punkt. Wir müssten dahin kommen, dass es tatsächlich so etwas wie eine Chancengleichheit gibt, egal, aus welcher Familie so ein kleiner Wurm stammt. Dass Lieder wie „Spiel nicht mit den Schmuddelkindern“ endlich mal nicht mehr wahr sind – das wäre das Größte. Ich wünsche mir auch, dass man die Institution Familie dabei ein bisschen demontiert. Dass es nicht dieses Heilige ist, wo man nicht reingucken darf, sondern dass ganz selbstverständlich geprüft wird, ob alles in Ordnung ist. Ich erlebe oft, dass es die Familie ist, die Kindern schadet. Ich hatte bisher etwa 120 Schüler in meinen Klassen, und wenn davon zehn in einer guten Familie waren, ist es viel. Da muss einfach etwas getan werden.

Thomas, 36, Inhaber einer Internet-Agentur

Babygeschichten interessieren mich nicht

Zum Frühstück am Samstag sind wir mit Thomas verabredet. Uns Morgenmuffel kostet das Überwindung, ihm ist die frühe Uhrzeit aber wichtig, denn er möchte im Anschluss noch wandern gehen – mit Rucksack und Zelt in ein nahes Mittelgebirge. Er öffnet uns die Tür zu seiner kleinen, faszinierend ordentlichen Wohnung und ist schnell mitten im Thema.

Thomas ist in der Provinz aufgewachsen. Mit Anfang 20 zog er in die Großstadt, in der das Leben als schwuler Mann weitaus leichter ist. Sein Freundes- und Bekanntenkreis hier liegt ihm sehr am Herzen. Gleichzeitig wird mit jeder Silbe deutlich, wie wichtig ihm seine Unabhängigkeit ist.

Uns beeindrucken seine scharfsinnigen, provokanten Formulierungen und seine wache, engagierte Teilnahme an der Welt.

Die Frage, ob ich Kinder haben will oder nicht, ist mir nie in den Sinn gekommen. Als offen schwul lebendem Mann in einer Beziehung drängt sie sich auch nicht so auf. Als Hetero-Paar muss man sich schon wegen der Verhütung Gedanken über Kinder machen, als schwules Paar hat man diesen Zwang nicht – im Gegenteil, man müsste sehr aktiv werden, damit man Kinder haben kann. Schwulsein an sich schließt einen Kinderwunsch natürlich nicht aus; ich kenne eine schwule Beziehung, in der es einen Kinderwunsch gab. Aber bei mir stand das Thema nie auf der Agenda. Während meines Coming-Out hatte ich ohnehin etwas anderes zu tun, als mir über Kinder Gedanken zu machen.

Von meiner Familie kamen nie Reaktionen wie: „Ist doch schade: Wenn du mit einem Mann zusammen bist, bekommst du nie Kinder." Ich habe allerdings eine Schwester, die zwei Kinder hat, insofern ist der Druck ein wenig raus. Wenn ich als schwul lebender Mann einen Kinderwunsch hätte, dann hätten meine Eltern mit diesem Szenario sicher ein Problem, weil sie sehr katholisch-konservativ leben. Da gibt es eher die umgekehrte Erwartung: dass ich als schwuler Mann gefälligst die Finger davon lassen sollte, weil Kinder eine Mutter und einen Vater bräuchten.

Daran sieht man wieder, dass es gar nicht um Familie oder um Kinder als solche geht, sondern nur um eine bestimmte Form von Familie, die sich gefälligst tradieren soll, um eine Norm. Mein kirchentreuer Vater würde vielleicht sagen: „Das ist so von Gott nicht gewollt." Es geht noch immer dieser Geist um: Kinder brauchen Mutter und Vater. Wenn sie bei ihnen Gewalt erfahren, guckt man gerne weg. Wenn ein Kind friedlich bei zwei Männern aufwächst, zerreißt man sich die Mäuler.

Mein Leben ist ein bisschen spießig

Ich habe keine Erklärung dafür, dass ich keinen Kinderwunsch habe, genauso wenig wie ich erklären kann, dass ich nicht als Eremit in der Wüste leben oder als Punk in der Fußgängerzone sitzen will. Ich habe mir ein Leben ausgesucht, das – im Vergleich zum Eremiten oder Punk – ein bisschen spießig ist: in einer langjährigen Beziehung, einer kleinen Wohnung, in einem netten Viertel. Ob es das richtige Lebenskonzept für mich ist, werde ich wahrscheinlich mit 70 oder 80 wissen.

Ich habe mein Leben bisher einfach gelebt, es unterbewusst sicherlich auch gesteuert, aber ich hatte keine Checkliste: Will ich Eremit werden? Nein. Will ich Kinder? Nein. So lief es nicht. Viele Aspekte meines Lebens stelle ich aber durchaus infrage: Will ich dauerhaft selbstständig sein? Will ich im Urlaub immer für meine Kunden erreichbar sein – was bedeutet, dass ich auch beim Zelten im norwegischen Wald meinen Laptop dabeihabe? Will ich mit meinem Freund zusammen wohnen oder weiterhin allein? Was werde ich in 20 Jahren mehr bereuen: wenn ich keine Weltreise mache oder wenn ich sie jetzt mache und dabei mein ganzes Erspartes verprasse? Ich weiß es nicht. Ich weiß nicht, ob mein Lebenskonzept das richtige ist. Jeden Tag zur Arbeit gehen, Steuern zahlen, mir Gedanken über die Rente machen – ich finde das schon spießig. Manchmal beschleichen mich Zweifel, und ich frage mich: Könnte ich nicht auch Häuser besetzen und mehr gegen Atomkraft kämpfen? Schwer zu sagen.

Dass ich keine Kinder haben will, ist trotzdem ganz klar, da gibt es keine Zweifel. Ich habe auch keine Ambitionen, diese Überzeugung noch einmal zu überprüfen. Ich kann wirklich sagen: Ich werde diese Entscheidung nicht bereuen.

In meinen Beziehungen waren Kinder auch nie ein Thema. Ich kenne nicht viele schwule Männer mit Kinderwunsch oder mit Kindern. Vielleicht reden die Leute aber auch mit mir nicht darüber, weil sie meinen, dass ich dafür nicht der ideale Gesprächspartner bin.

Für Freunde hat der Familienkosmos Priorität

Wenn Freundinnen oder Freunde von mir Eltern werden, kommen manchmal Distanzen auf. Und nicht nur von mir. Ich habe den Eindruck, dass sich die Prioritäten dieser Eltern erheblich verschieben hin zu deren Familienkosmos: Was machen die Kinder gerade, wie geht es ihnen, was haben sie gestern Lustiges getan, welches Wort haben sie neu gelernt, können sie jetzt krabbeln? Das ist alles gut und schön – aber meine Prioritäten sind andere. Das Interesse für das Leben anderer, für mein Leben als Freund ohne Kinder verblasst bei den jungen Eltern. Das finde ich traurig. Sie fragen mich nicht: „Wie war es gestern?" Es gibt nicht nur andere Themen, die ich nicht teilen kann, sondern für mich ist weniger Raum da als vorher.

Hinzu kommt, dass ich zu Kindern nicht so einen Draht habe. Ich interessiere mich nicht für Kleinkinder, auch nicht für Babyfotos. Man könnte jetzt denken, ich bin ein Arsch, aber ich finde Babys nicht sonderlich süß. Ich kann mit ihnen nichts anfangen. Ich habe nie angenommen, dass Kinder eine Bereicherung für mich sein könnten. Wenn jemand mir ein Baby in den Arm drückt, habe ich Angst, es falsch anzupacken. Ich möchte es nicht auf dem Arm haben. Und das war schon immer so. Mit Teenagern geht es schon besser, wenn man mit ihnen reden und etwas unternehmen kann.

Ich bin natürlich nicht doof zu Kindern, aber ich bin distanziert. Wenn mich ein Kind in der Bahn anlacht, grinse ich zurück, aber mehr auch nicht. Ich gehe nicht aktiv auf Kinder zu, ich suche den Kontakt nicht. Das macht es in den Freundschaften komplizierter, weil mich die Babygeschichten, wenn ich ehrlich bin, nicht interessieren. Das kann ich aber schlecht sagen, das käme nicht so gut an.

Als ich einen Bekannten von mir, der gerade in eine kleine Stadt gezogen war, fragte, wie er bloß aus der Großstadt wegziehen kann, meinte er: „Wenn man Kinder hat, wird alles andere ein bisschen unwichtig. Da spielt der Wohnort nicht mehr die größte Rolle." Das finde ich krass: wie sehr sich bei manchen Leuten mit Kindern die Prioritäten verschieben, dass sie sagen: Mir ist mein Wohnort egal. Ich dachte, ich bin im falschen Film. Und ein anderer Bekannter mit Kind, mit dem ich früher viel Fahrrad gefahren bin, meinte: „Mein Fahrrad – das steht seit Langem im Keller."

Ich sitze nicht zu Hause und weine Taschentücher nass

Interessanterweise stelle ich gerade bei einem anderen Freund eine Trendwende fest – das dritte Kind ist jetzt im Kindergarten, und plötzlich sehen wir uns regelmäßig zum Fahrradfahren, nachdem wir uns in den vergangenen Jahren manchmal monatelang nicht gesehen hatten. Ich habe den Eindruck, er hat bemerkt, dass er seine eigene Freizeit aus den Augen verloren hatte. Ich habe ihm das nie verübelt, aber jetzt freue ich mich, dass es wieder anders wird.

Eine sehr gute Freundin will derzeit schwanger werden, und auch das gibt deutlich spürbare Verlagerungen. Sie hat sich sehr auf diesen Kinderwunsch fokussiert und deswegen ihr Leben stark verändert. Viele Dinge, die wir vorher zusammen gemacht haben, hat sie aufgegeben, sodass wir viel weniger Zeit miteinander verbringen. Ich kann es ihr nicht übelnehmen – das wäre absurd, es wäre so, wie wenn sie mir sagen würde, ich solle doch bitte aufhören, Mountainbike zu fahren, und stattdessen bei ihr sitzen und mir über einen Kinderwunsch Gedanken machen. Das wäre anmaßend. Aber unsere Schnittmenge hat sich verkleinert, und da müssen wir jetzt durch. In diesem Fall erlebe ich den Kinderwunsch an sich schon als distanzierend.

Wenn sich Freunde zurückziehen, weil sie Kinder bekommen, sitze ich nicht zu Hause und weine Taschentücher nass. Ich sehe dann andere Freunde häufiger, die keine Kinder haben. Mit denen gehe ich beispielsweise übers Wochenende wandern. Ich habe viele Hobbys, die sportlich herausfordernd sind. Meine Interessen sind nicht sehr kinderkompatibel. Meine Wohnung auch nicht: Grappa und Obstbrand stehen in Griffhöhe von Dreijährigen. Kinder sind in meinem Leben nicht vorgesehen, nicht mal als Besuch.

Meine Freundinnen und Freunde merken natürlich, dass ich mit den Kindern distanzierter bin. Wenn andere Erwachsene mit den Kindern rumtoben, sitze ich mit den Großen auf der Terrasse und unterhalte mich. Dann kommt schon mal eine Bemerkung, mit einem Grinsen, ob ich nicht auch aufs Trampolin möchte, aber nicht vorwurfsvoll.

Dass ich noch nie Vorwürfe gehört habe, könnte wieder mit schwulem Leben zu tun haben. Vielleicht wäre es anders, wenn ich mit einer Frau zusammen wäre. Ich glaube, als schwuler Mann ist man da fein raus. Aber es hat natürlich auch mit meinem sozialen Umfeld zu tun – morgen gehe ich mit einem schwulen Paar wandern, und natürlich sagen die nicht: „Na, wie sieht's denn bei euch aus mit Kindern?"

Kinderlose pflegen ihr soziales Netz besser

Ich glaube, dass es an mir liegt, ein soziales Netz zu pflegen und es auch beim Älterwerden nicht zu vernachlässigen. Möglicherweise hat man als Kinderloser auch einen anderen Bezug dazu, denn ich habe ein sehr reges, intaktes soziales Netz. Wenn ich das mit Leuten mit Kindern vergleiche – mit wem die sich treffen, was die so machen –, sehe ich oft, dass die ihr Umfeld außerhalb der Familie merklich vernachlässigen. Bei einigen geht das so weit, dass ich manchmal denke: O Gott, die Geburtstagsfeier wird wieder ziemlich traurig, weil kaum jemand da ist. Das sieht bei mir anders aus. Und auf dieses rege, intakte soziale Netz möchte ich mich im Alter stützen können. Das kann von meiner Seite auch sehr weit gehen, bis hin zu gemeinsamen Wohnprojekten. Das sind aber noch unausgereifte Gedanken.

Unter Freunden habe ich mitbekommen, dass es diesen Gedanken an ein gemeinsames Altwerden durchaus gibt. Ich habe zum Beispiel mal eine sehr liebevolle Geburtstagskarte von einem schwulen Paar bekommen, auf der alte Menschen mit spitzen Hüten abgebildet waren, und drauf stand: „Schon wieder ein Jahr älter!" und „Wir wollen später auch mal spitze Hüte tragen und dann immer noch Freunde sein."

Ich weiß nicht, ob es ein schwules Nischenphänomen ist oder eher ein Phänomen unter Kinderlosen, dass man sein soziales Netz pflegt. Natürlich würde ich genauso wie einen schwulen Freund auch eine nichtlesbische Freundin im Krankenhaus besuchen. Aber ich glaube doch, dass es gerade in schwulen Kreisen eine andere Kultur gibt, Beziehungen zu pflegen und füreinander einzustehen.

Ich bin kein Nihilist

Wenn man mir zuhört, könnte man denken: Das ist so ein Nach-mir-die-Sintflut-Typ. Aber ich bin kein Nihilist, davon bin ich weit entfernt. Mir sind Nachhaltigkeitsthemen, ein vernünftiger Umgang mit der Gesellschaft, mit dem gesellschaftlichen Frieden sehr wichtig – auch im Hinblick auf nachfolgende Generationen. Ich lege viel Wert darauf, dass Kinder ein gutes Umfeld haben und dass wir nachkommenden Generationen eine anständige Lebensgrundlage hinterlassen – das sind Themen, die mich sehr umtreiben. Die politischen Ereignisse verfolge ich mit sehr viel Interesse, ich fahre auch zu Demonstrationen gegen Atomkraft.

Man könnte sich fragen, warum eigentlich? Für meinen eigenen Nachwuchs mache ich es ja offensichtlich nicht. Und ich bin überhaupt nicht religiös. Es geht für mich darum, aus der Zeit, die ich hier habe, das Beste zu machen. Das heißt eben auch, nicht immer die Egonummer zu fahren, ständig nur Urlaub und möglichst viel Abenteuer. Damit ich sagen kann: „Der Weg, den ich eingeschlagen habe, ist gut für mich", muss ich auch einen Beitrag zu etwas anderem oder für andere geleistet haben. Zum Beispiel ist mir sehr wichtig, wählen zu gehen; und wenn ich eine Meinung habe, sie laut zu sagen. Dass ich die Nachrichten verfolge. Das ist wohl so etwas wie gesellschaftliche Verantwortung.

Gerade bei den gesellschaftlichen Themen denke ich immer wieder: Es ist nicht genug, was ich tue. Ich frage mich, ob ich nicht Potenziale für ein stärkeres Engagement hätte. Bis jetzt konnte ich mich nicht entscheiden. Vielleicht auch, weil ich denke: Wenn ich mich schon engagiere, dann muss es sich lohnen und ich muss damit auch gleich die ganze Welt retten.

Die Egoismus-Diskussion gehört begraben

Ich fühle mich nicht egoistisch. Und wenn ich spitz kontern wollte: Die Leute, die sich ihres Kinderwunsches wegen aus Freundschaften zurückziehen, sind dermaßen altruistisch auch nicht. Sie fokussieren sich auch auf das, was ihnen gerade wichtig ist, und lassen um sich herum Dinge fallen. Die Frage, ob man egoistisch ist oder nicht, daran festzumachen, ob man einen Kinderwunsch hat, ist absurd. Von daher sollten wir die Egoismus-Diskussion am besten begraben und es keinem unterstellen. Es macht eben jeder das, was ihm am wichtigsten ist, und erst mal ist es gut so, dass man sich selber treu bleibt. Ich will ja schon anderer Leute Babys nicht im Arm halten – wenn ich mir trotzdem selbst eins anschaffen würde, dann könnte man vielmehr der Meinung sein, dass das äußerst unvernünftig ist und kein Anfall von gutzuheißender Selbstlosigkeit.

Vielleicht wird das Lebenskonzept „Kinderkriegen" aber höher bewertet als das Lebenskonzept, keine Kinder zu bekommen. Ein Bekannter schickt mir regelmäßig einige Megabyte Babyfotos per E-Mail, ohne Kommentar. Würde ich darauf mit fünf Megabyte Mountainbike-Fotos antworten – das gäbe sicher einen kleinen Eklat oder würde zumindest auf Unverständnis stoßen. Mein Bekannter könnte wenigstens mal fragen: „Und wie geht's bei dir so?" Zuletzt war auf den Fotos plötzlich ein ganz kleines, neues Kind; daraus habe ich geschlussfolgert, dass anscheinend ein weiteres gekommen ist. Ich habe davon Abstand genommen, zu gratulieren;

dafür müsste er mich anrufen oder mir eine Postkarte schicken, aber nicht so einen Baby-Spam.

Ich würde mir wünschen, dass das Kinderthema mit mehr Vernunft betrachtet wird. Und nicht mit Schubladen-Denken: Egoismus-Schublade, Frau-und-Mann-Schublade oder Klassisches-Familienbild-Schublade. Ich würde mir einen Blick wünschen, der weniger von Hysterie und von Idealismen geprägt ist, sondern einfach guckt: Wie können wir alle ein zufriedenes Leben führen – die Leute mit Kindern und die ohne? Und wie können wir das so gestalten, dass die Kinder unter guten Umständen aufwachsen und nicht unter die Räder kommen?

Ilu, 45, Köchin und Künstlerin

Ich wollte neue Erfahrungen machen

Ilu wuchs in einem kleinen Dorf in Süddeutschland auf, mit drei jüngeren Brüdern und vielen Verwandten im Ort. Weil sie „nur" ein Mädchen war, musste sie mit 16 Jahren die Schule beenden und eine Lehre machen. Sobald wie möglich ging sie in die Großstadt, arbeitete, holte das Abitur nach und studierte. Währenddessen reiste sie viel und lebte lange Jahre in Wohngemeinschaften. Heute verdient Ilu ihr Geld als Köchin in einem Biobetrieb. Ilu lebt schon immer unabhängig, ohne jede Unterstützung ihrer Familie und von sehr wenig Geld, was aber für sie ganz selbstverständlich und kein Grund zum Klagen ist.

Sie hat – wie es ihre Art ist – gut gekocht und bewirtet uns mit bedächtiger Gastfreundschaft. Wir kommen aus dem Staunen nicht heraus, als wir ihre Kunst entdecken: Zeichnungen, skurrile Figuren und filigrane Scherenschnitte – alles zeugt von schrägem Humor, großer Akribie und der Fähigkeit, sich intensiv in eine Sache zu vertiefen.

Ich hatte nie den Wunsch, Kinder zu haben. Lange Zeit habe ich trotzdem gesagt: Wenn ich schwanger wäre, würde ich das Kind kriegen. Aber letztes Jahr war ich schwanger, und es wurde schlagartig klar, dass ich es doch nicht wollte. Mein Freund und ich haben uns für eine Abtreibung entschieden. Ich konnte mir nicht vorstellen, Mutter zu sein und mit ihm zusammen eine Familie zu werden. Es war außerhalb meiner Vision und hat mir klargemacht: Ich habe es nie vermisst.

Ich kann es intellektuell nachvollziehen, wenn Frauen einen starken Kinderwunsch haben, emotional aber nicht. Es ist ein ganz wichtiger Teil von mir, dass ich niemals das Gefühl hatte, es zu brauchen, mit einem Kind zusammenzuleben – mit einem eigenen Kind, über so lange Zeit. Ich kam mir deswegen nie komisch vor, nicht unweiblich oder falsch. Kinder zu haben, gehört zu meinem Frauenbild nicht unbedingt dazu.

Für mich war immer wichtig, dass ich Entscheidungen über mein Leben selbst treffen kann. Ich lebe in einem Land, wo ich entscheiden kann, ob ich Kinder haben will oder nicht, und das empfinde ich als ein großes Geschenk: Ich kann mir aussuchen, wie mein Leben verläuft, wie meine Sicht auf Weiblichkeit ist, wie ich Weiblichkeit definiere. Ich habe wirklich Freiheit. Ich habe lange gebraucht, mein Frauenbild für mich selbst zu finden, und das konnte ich nur hier. Das umfasst viel mehr als die Möglichkeit, ein Kind nicht austragen zu müssen. Vielleicht gab es schon in den 1930er Jahren Frauen in Deutschland, die die gleiche Entscheidung getroffen haben wie ich – aber sie hatten noch Konsequenzen zu tragen. Ich werde nicht diskriminiert, ich kann arbeiten, was ich möchte, ich kann trotzdem mit einem Mann zusammenleben. Ich könnte auch mit einer Frau zusammenleben oder in einer Wohngemeinschaft, was ich auch lange getan habe.

Die Welt meiner Kindheit war sehr eng

Mütterlichkeit ist für mich nicht wichtig. Das hat auch mit meiner Familie zu tun. Ich hatte mit meinem jüngsten Bruder, der geboren wurde, als ich 13 Jahre alt war, „mein Kind“ – im Sinne von Verantwortung: Ich habe viel auf ihn aufgepasst und bin bis heute eine sehr wichtige Person für ihn. Aber ich glaube nicht, dass ich ein Mutterersatz für ihn war oder mit ihm meine Mütterlichkeit ausleben konnte, wollte oder musste. Das hängt sehr eng mit meinem Mutterbild insgesamt zusammen. Ich wollte nie werden wie meine Mutter! Das ist ein sehr wichtiger Leitsatz meines Lebens. Meine Mutter hat sich nur durch ihr Hausfrauendasein und ihre vier Kinder definiert. Heute weiß ich, dass es auch eine andere Art von Müttern und von Familien gibt. Aber sie hat meine Vorstellung massiv geprägt. Bei meinen drei jüngeren Brüdern habe ich gesehen, wie viel Arbeit es macht, Mutter zu sein. Meine Mutter hat den großen Haushalt alleine gemacht: waschen, kochen, Dreck wegputzen. Dazu hatte ich einfach keine Lust.

Meine Lieblingstante, die mich inspiriert hat und für mich sehr wichtig war, hat keine Kinder. Sie hat mich von Anfang an mit Lesestoff versorgt, und ihr Mann hat mich mit ins Museum genommen, wo ich wahnsinnige Aha-Erlebnisse hatte. Das Leben, das sie führt, fand ich in meiner Kindheit klasse. Dass sie keine Kinder hat, ist mir damals gar nicht aufgefallen. Ich weiß auch bis heute nicht, ob sie bewusst keine Kinder bekommen hat oder ob sie keine kriegen konnte.

Viele andere Sachen sind dazugekommen. Ich bin in einem kleinen Dorf aufgewachsen, das ich immer als sehr eng und eingrenzend empfunden habe. Von dort wollte ich weg, um neue Erfahrungen zu machen. Ich fand es viel spannender, in der Großstadt zu leben. Hier sind so viele Dinge auf mich eingestürzt – Lernen, Studieren, Reisen, viele Menschen kennenlernen, in Wohngemeinschaften leben, die Kunst. Das war für mich wirklich wichtig.

Ich habe lange überhaupt nicht über Kinder nachgedacht

Ich bin ein Mensch, der nicht viele Sachen gleichzeitig machen kann. Ich hätte mir zum Beispiel nicht vorstellen können, zu studieren und gleichzeitig Kinder zu haben. Mir fehlt auch eine gewisse Unvoreingenommenheit, die man vielleicht zum Kinderkriegen braucht. Außerdem regle ich gern alles selber, will bestimmen, wann ich frühstücke, ob ich verreisen will, umziehen oder meine Arbeit aufgeben will – alles Entscheidungen, die man mit einem Kind nicht mehr so treffen kann.

Vor allem aber habe ich lange überhaupt nicht darüber nachgedacht. Was ich früh wusste: Ich möchte nicht heiraten. Kinder waren nicht aktuell. Ende 20, als bei anderen Frauen Kinder als Thema auftauchten, wurde immer deutlicher, dass sich bei mir einfach kein Wunsch regt. Da war ich gerade in einer neunjährigen Beziehung, aber wir wollten beide nicht; es war gar kein Thema.

Als ich 30 war, hat sich einer meiner Brüder sterilisieren lassen. Da wurde mir noch einmal klarer, dass ich auch keine Kinder will. Beschäftigt hat es mich aber eher später, wenn der Kinderwunsch von außen an mich herangetragen wurde: etwa in Gesprächen mit Frauen, die Kinder haben wollten und bei denen es nicht klappte. Ich fand es interessant, mich damit auseinanderzusetzen, warum andere Leute Kinder möchten, was da so ist und warum es vielleicht nicht geht.

Meine Eltern haben mich und meinen sterilisierten Bruder nie offen auf das Thema angesprochen. Meine Mutter hat mal hinten rum versucht, zu fragen, warum ich keine Kinder hätte. Für sie ist es normal, Kinder zu haben. Dass man es selber entscheiden möchte, ist unvorstellbar für sie, auch für meinen kürzlich verstorbenen Vater. Es stand immer im Raum, dass ich nicht dem Bild entspreche, das sich meine Eltern von einer Tochter gemacht haben.

Freundschaften verändern sich

Eine Freundin von mir wollte kürzlich ein Pflegekind aufnehmen, und es ging ein Dreivierteljahr mehr oder weniger um dieses Kind und alles, was damit zusammenhängt. Eine ganze Weile fand ich das Thema sehr spannend, aber dann habe ich gemerkt: Wenn dieses Kind da ist, wird sich vieles verändern. Und ich hatte keine Lust, mit ihr nur über das Kind zu reden. Wir haben versucht, es ein bisschen weniger werden zu lassen, ich habe von mir erzählt oder wir haben Themen besprochen, die wir früher hatten. Aber das Kinderthema kam immer wieder, weil es so akut war. Letztendlich hat sie sich gegen das Pflegekind entschieden. Hätte sie es bekommen, hätte ich sie nicht mehr so regelmäßig sehen wollen, weil es mir zu langweilig war, nur über Kinder zu reden. Es war weniger Raum für mich da, aber vor allem war weniger gemeinsamer Raum da. Das Kind-Projekt war immer im Vordergrund. Ich habe verstanden, warum das so war, aber irgendwann hat es gereicht. Ihr fiel es auch auf, aber sie konnte es nicht ändern. Da das Kind nun nicht gekommen ist, ist alles wieder beim Alten ...

Eine andere Freundin, mit der ich früher eine intensive Beziehung hatte, wollte ich auch mit ihrem Kind gerne regelmäßig sehen und an ihrem Leben teilhaben. Ich dachte auch, ich könnte ein bisschen Verantwortung für das Kind übernehmen. Aber sie hat sich zurückgezogen, Kontakte eher zu anderen Familien gepflegt. Das war und ist ein großer Verlust. Es ist immer schwierig, Kontakt zu Freunden mit Kindern zu halten, wenn man selbst keine hat. Ich habe keine alltäglichen, engen Beziehungen zu Eltern.

Jugendliche finde ich spannender als kleine Kinder

Ich habe allerdings Kontakte zu 17- bis 19-Jährigen, die vom Alter her meine Kinder sein könnten. Der Sohn meines Lebensgefährten ist 18; wenn er für ein paar Tage bei uns ist, ist das schön – es interessiert mich, macht mir Spaß. Jugendliche finde ich spannender als kleine Kinder.

Mein Lebensgefährte ist sehr gerne Vater, und wir sind glücklich darüber, dass wir uns in dieser Situation getroffen haben – genau da, wo wir beide sind. Gemeinsam Eltern zu werden, kam für uns nicht infrage, und es gibt auch keine Traurigkeit darüber. Ein Thema ist aber durchaus, wie es für ihn und seinen Sohn war, als wir uns vor zwei Jahren kennengelernt haben. Sein Sohn spielte damals noch eine größere Rolle, heute nabelt er sich zunehmend ab.

Ich bin froh, dass mein Lebensgefährte ein Kind hat, weil ihn das auch zu dem gemacht hat, der er heute ist. Diese Erfahrung ist ein wichtiger Teil seiner Persönlichkeit. Mit diesem Kind ist er gereift, erwachsen geworden. Ich hätte mir aber schwer vorstellen können, einen Mann kennenzulernen, der kleine Kinder hat. Meine Beziehungen zu anderen Menschen sind intensiv. Diese Intensität ist mir wichtig und könnte sich mit einem Mann mit kleinen Kindern wahrscheinlich nicht entwickeln.

Mit wem ich lebe, suche ich mir lieber selbst aus

Ich kann mir nicht vorstellen, dass ich mich jemals einsam fühlen werde, nur weil ich keine Kinder habe. Mir sind so viele Menschen wichtig, und es ist mir wichtig, diese freiwilligen Kontakte zu halten, neue Menschen kennenzulernen und gemeinsam etwas zu gestalten.

Ich habe immer gerne mit Menschen zusammengelebt – fast 20 Jahre meines Lebens in kleinen oder größeren Wohngemeinschaften. Das hat mir sehr viel gebracht, auf verschiedenen Ebenen: Es ist immer viel Neues auf mich zugekommen – Menschen, die ich sonst vielleicht nicht kennengelernt hätte, Diskussionen, Besuche, kleinere oder größere Aktionen, viel Spaß. Die Wohngemeinschaften haben an dem, wie ich heute bin, großen Anteil. Ich möchte sie auf keinen Fall missen. Deshalb kann ich mir auch im Alter vorstellen, wieder mit Menschen zusammenzuleben – ob in einer großen WG oder in einer Hausgemeinschaft, spielt keine Rolle, das wird sich entwickeln. Im Moment lebe ich zwar sehr eng mit meinem Freund zusammen, aber wahrscheinlich werde ich irgendwann den Wunsch haben, dass von außen noch mehr kommt.

Was ich an Familie positiv fand – immer jemanden um mich zu haben, gemeinsam zu frühstücken, zu kochen, die Wohnung zu streichen –, habe ich in den WGs bekommen, ohne die Nachteile der Familie. Und ich werde auch im Alter in der Lage sein, mir Menschen zu suchen, mit denen ich mich anfreunden und leben möchte. Ich kann selbstbewusst sagen, dass man gut mit mir leben kann. Im Rahmen dieser freiwilligen Beziehungen bin ich für andere da, ich kümmere mich, ich begleite und unterstütze, es ist ein intensiver Austausch.

Ich habe viel Energie für Menschen; die hätte ich nicht, wenn ich drei Kinder hätte.

Familiäre Zwangskontakte

Es gibt so viele Menschen, die denken: „Ich habe Kinder, also werde ich im Alter nicht einsam sein." Das ist bei meinen Eltern und in ihrem dörflichen Umfeld so. Kinder sind da wichtige Kontaktpersonen. Aber ich erlebe das als Zwangskontakte: Es sind Verwandte, also meint man, es gehört sich so und für die Beziehung muss man nicht viel tun. Viele von den Nachbarn haben kaum Kontakte außer zu ihren Kindern, Enkeln und anderen Familienangehörigen. So etwas wie Freundschaft gibt es selten.

Meine Mutter wünscht sich bis heute, dass ich wieder im Dorf lebe, am besten in der Wohnung über ihr. Ich habe ihr jedes Mal geantwortet, dass ich gern in der Stadt lebe und nicht zurückkommen möchte. Einmal sagte sie zu mir, ich hätte sie verlassen, als ich wegging, und sie mit den Männern zurückgelassen. Es ist die Erwartung an die Tochter, dass sie das soziale Netz bildet. Und letztendlich tue ich das auch – meine Eltern sind unfähig, Kontakt zu halten. Sie haben mich nie besucht, seit ich vor 26 Jahren weggegangen bin. Angerufen haben sie mich bis vor einem Jahr auch nicht. Ich habe den Kontakt aufrechterhalten, habe angerufen und sie besucht. Wenn ich das nicht gemacht hätte, wäre der Kontakt wohl abgebrochen. Und sie hätten über die Tochter geschimpft.

Ich habe mich oft gefragt: Wenn ich ein eigenes Kind hätte, was würde ich machen, wenn ich keinen Zugang zu ihm fände? Manche sagen, dass beim eigenen Kind automatisch Nähe entsteht – aber ich glaube das nicht. Und ich sehe auch, dass es nicht so ist. Ich kenne Eltern und Kinder, die wenig gemeinsam haben. Eine Freundin von mir hat lange mit ihren Kindern gehadert – oder besser ausgedrückt: Sie hatte viele schwierige Zeiten mit ihnen. Es gab natürlich auch schöne Momente, von denen sie erzählt hat, aber eine automatische Nähe zu den eigenen Kindern, die gibt es nicht.

Die vielen anderen Dinge, die mir wichtiger sind

Früher war es mir sehr wichtig, zu reisen, andere Kulturen kennenzulernen. Ich war viel in Indonesien, Malaysia und Singapur, das hat mich geprägt. Diesen Raum nehmen inzwischen die Kunst und das Kochen ein. Beides ist kreativ, beides macht mich zufrieden, ich bin dann eins mit mir.

Das Kochen habe ich zu meinem Beruf gemacht. Ich kann es genau so machen, wie ich es mir vorstelle: vegetarisch und biologisch. Ich weiß viel darüber, woher die Lebensmittel kommen, viel über Essen als kulturelles Gut. Es ist mehr als nur Kochen. Ich hatte zwar nie den Wunsch, etwas an ein eigenes Kind weiterzugeben, aber beim Kochen ist es mir wichtig: Da will und kann ich etwas weitergeben, viele Leute essen mein Essen. Ich bringe ihnen nahe, wie gut Biologisches und Vegetarisches schmecken kann.

Diese beiden Ks, Kunst und Kochen, machen mich aus. Und ich brauche meine Freiheit, um Zeit für beides zu haben.

Meike, 36, Sozialarbeiterin in einer Einrichtung für psychisch kranke Menschen

Ich fühle mich Kindern nicht so nahe

Meike treffen wir in einem ihrer Lieblings-Cafés, in dem sie seit einem schweren Autounfall vor zwei Jahren nicht mehr war. Sie ist durch den Unfall sehr eingeschränkt, hat ständig starke Schmerzen und kämpft noch um die Rückkehr in ein Leben, das ihrem früheren gleicht. Sie kann wieder arbeiten, aber ansonsten kaum das Haus verlassen. Nach den letzten Operationen hat sie erfahren, dass sie infolge der Unfallverletzungen keine Kinder mehr bekommen kann.

Sie wirkt auf uns gelassen und tough zugleich, hat ein sehr offenes Wesen und berührt uns durch ihre kluge Tapferkeit, mit der sie mit den neuen Herausforderungen umgeht.

Ich hatte nie einen Kinderwunsch oder diese Mädels-Fantasien: „Wenn ich mal groß bin, werd' ich Ärztin und hab' Mann und Kinder und ein Eigenheim." Ich habe auch nie mit Puppen gespielt. Während meine Schwester wie so eine kleine Hausfrau rummachte, hat mich das nicht interessiert.

Bis ich nach dem Unfall erfuhr, dass ich keine Kinder mehr bekommen kann, dachte ich immer: „Unter gar keinen Umständen." Als ich vor vollendete Tatsachen gestellt wurde, habe ich angefangen nachzudenken – das hat vielleicht auch etwas mit dem Alter zu tun und damit, dass um mich herum einige jetzt Kinder haben. Aber ich glaube, wenn man mir nicht gesagt hätte: „Das war's, Kinderkriegen geht nicht mehr", wäre es jetzt auch kein Thema. Durch den Unfall hat sich mein ganzes Leben sehr verändert – und dass mir auch beim Thema Kinder dadurch von außen eine Entscheidung aufgezwungen wurde, ist Teil der Beschäftigung mit den Veränderungen.

Kinder und ich – das hat einfach intuitiv nie gepasst

Kinder und ich – das hat einfach intuitiv nie gepasst. Ich hatte immer ein distanziertes Verhältnis zu Kindern; nicht zu bestimmten Kindern, weil die eine bestimmte Charakterausprägung haben, sondern grundsätzlich. Ich fühle mich Kindern nicht so nahe.

Jetzt denke ich manchmal darüber nach, wie es wäre, wenn ich Kinder hätte. Es gäbe sicher auch schöne Momente. Aber ein Kind zu haben, heißt für mich, sich selber aufzugeben. Deshalb habe ich es mir nie als schön vorgestellt, ein Kind von Geburt an zu begleiten. Aber die Vorstellung, 60 zu sein und eine erwachsene Tochter zu haben – das hat etwas Wehmütiges.

Ich habe nichts gegen Kinder. Es gibt ja Leute, die sagen: „Ich finde Kinder furchtbar, ich mag die nicht." Mir sind Kinder eher fremd, als dass ich eine Abneigung hätte.

Auch Schwangersein finde ich gruselig. Die Vorstellung beklemmt mich sehr. Schwangerschaft hat für mich etwas mit Symbiose zu tun, mit einer kompletten Abhängigkeit: Noch näher kann man einem Menschen nicht sein. Da ist einem jemand auf Gedeih und Verderb ausgeliefert. Ich glaube, ich übertrage hier meine Angst, hilflos und ausgeliefert zu sein, auf das Schwangersein und das hilflose Kind – ein Albtraum! Ich hätte ständig Angst.

Ich bin außerdem jemand, der sich sehr viele Sorgen macht. Und das würde mich wahnsinnig machen, wenn ich ein kleines Kind hätte. Was dem alles passieren kann! Ich würde viel psychische Kraft brauchen, weil ich mir andauernd Sorgen um das Wohlergehen dieses Kindes machen würde, und wäre angespannt.

Bei dem Thema gibt es keine Kompromisse

Ich lebe in einer lesbischen Beziehung, und da gäbe es auch die Möglichkeit, dass meine Partnerin ein Kind bekommt. Aber meine Freundin will unter keinen Umständen Kinder, sie ist da sogar noch rigoroser als ich. Bei ihr war das schon immer so, auch als Kind hat sie sich ihr Leben ohne Kinder vorgestellt; Haus, Mann und Hund, ja, aber keine Kinder. Deswegen stellt sich bei uns die Frage nicht, wir sind froh, dass wir da keinen Konflikt haben.

Meine Ex-Freundin hatte über Kinder nachgedacht, und es gab auch Krisen deswegen. Das war kein Trennungsgrund, aber wir hatten Phasen, in denen die Frage zu längeren Diskussionen führte. Bei dem Thema gibt es ja keine Kompromisse, aber ich hätte darüber nachgedacht, der Beziehung zuliebe. Es wäre für mich aber eine sehr, sehr schwierige Entscheidung geworden.

Ich bekomme natürlich mit, wie dramatisch die Kinderfrage in anderen Beziehungen, homosexuellen oder heterosexuellen, sein kann. Ich habe es in meiner Umgebung zweimal erlebt, dass sich Paare letztlich für ein Kind entschieden haben – einmal wollte der Mann nicht, einmal die Frau nicht. Und es geht ihnen gut.

Meine Schwester wollte unbedingt Kinder, aber mit ihren Partnern hat es nie geklappt. Da sie 39 ist, denkt sie inzwischen, dass sich dieses Lebensziel nicht umsetzen lassen wird, und das findet sie sehr traurig. Gleichzeitig ist sie überrascht, dass sie es doch besser akzeptieren kann als gedacht.

„Ich will später nicht so sein!"

Ich glaube nicht, dass es Gründe dafür gibt, dass ich keinen Kinderwunsch habe. Manche Frauen wollen keine Kinder, weil es sie vom Mann abhängig macht. Ich habe das Thema eher andersrum. Die Vorstellung, ein Kind zu haben, das 24 Stunden, nonstop, von mir abhängig ist, ist furchtbar für mich. Das hört sich vielleicht egoistisch an, aber ich meine es nicht so. Ich bin sehr stressanfällig, und wenn ich nicht meinen eigenen Rhythmus, mein Bedürfnis nach Ruhe leben kann, geht es mir sehr schlecht. Ein Kind wäre auf Gedeih und Verderb meinem Funktionieren ausgeliefert. Das wäre eine irrsinnige Verantwortung. Und ich wäre nicht bereit, mein ganzes Leben umzukrempeln. Ich brauche meine Arbeit und viel Zeit für mich selbst, ich will mich auch innerhalb einer Beziehung zurückziehen können – und das ist mit einem Kind völlig ausgeschlossen.

Ich hatte selbst eher eine unsichere Kindheit mit einer ständig überforderten Mutter. Sie kam eigentlich nie zur Ruhe, war sehr impulsiv, hat nur geschrien. Es war immer alles ein einziger Stress, der in erster Linie auf mir abgeladen wurde, und ich dachte: „Ich will später nicht so sein!" Einmal hat meine Mutter mir gesagt, es tue ihr leid. Ihre eigene Mutter sei auch so gewesen, und sie habe sich ihr Leben lang vorgenommen, es anders zu machen. Wenn sie mal Kinder hätte, dann würde nicht geschrien – aber sie hat es exakt wiederholt. Im Gegensatz zu meiner Mutter bin ich nicht sehr impulsiv, ich bin ein geduldiger Mensch. Aber ich könnte auch nicht ausschließen, dass ich mich genauso verhalten würde, wenn ich unter massiven Stress gerate. Und das will ich nicht.

Vielleicht ist das auch mit ein Grund, weswegen ich mich Kindern gegenüber immer ein bisschen distanziert fühle: weil ich als Kind selbst die ganze Zeit so unsicher war. Wenn man Kindheit nicht als sicher erlebt, bestärkt es einen nicht unbedingt darin, eigene Kinder zu bekommen.

Vielleicht habe ich den Lesbenbonus

Meine Mutter möchte unbedingt Enkel und ist ganz unglücklich. Ich habe immer gesagt: „Kinder kommen nicht infrage", und das ist auch in Ordnung, das akzeptiert sie. Aber sie findet es hart, dass wohl auch bei meiner Schwester keine Enkel zustande kommen werden. Dabei wären für meine Mutter Enkel sicher auch deswegen eine gute Sache, weil man sie wieder abgeben kann, wenn sie einem zu viel werden.

Meine Eltern würden übrigens nicht sagen: „Du bist ja mit einer Frau zusammen – so stellen wir uns das mit der Familiengründung aber nicht vor." Es wird kein Unterschied gemacht, ob meine Schwester einen Freund mit nach Hause bringt oder ich eine Freundin. Als ich mein Coming-out hatte und meine Eltern sich zum ersten Mal damit beschäftigt haben, hat meine Mutter zwar schon manchmal ein paar Versatzstücke gebracht wie: „Bei euch Homosexuellen halten ja die Beziehungen auch nicht so lang." Ich glaube, sie hat auch mal gesagt: „Meine Tochter kriegt keine Kinder, weil sie lesbisch ist", aber das war am Anfang. Es war nie ein Tabuthema bei uns.

Meine Mutter hat viele Gründe für Kinder vorgebracht: „Kinder sind ja auch ein Sinn, warum man lebt; warum man versucht, sein Leben gut zu machen und Geld anzuschaffen, um ihnen Schönes zu ermöglichen und später etwas zu hinterlassen." Das ist für sie eine große Triebfeder gewesen, auch wenn sie ständig am Rande ihrer Kräfte war, damit die Kinder eine gute Schulbildung kriegen und so. Sie sagte: „Denk darüber nach, nicht, dass du später unglücklich wirst."

Aber ich habe so viele Interessen – und ich arbeite wahnsinnig gerne, ich könnte mir nie vorstellen, meinen Beruf aufzugeben. Es ist ein sehr schöner Beruf, der mir viel Spaß macht. Aber er ist auch entsprechend anstrengend, mit viel Input, ich bin den ganzen Tag in Action. Aufgrund meiner geringeren Belastbarkeit seit dem Unfall ist es noch wichtiger, dass ich in meiner Freizeit Ruhepunkte finde. Ich könnte meine Arbeit nicht wegen Kindern aufgeben. Arbeiten schafft in meinem Leben Sinn. Das würde ich nie gegen Kinderhaben eintauschen.

Aber meine Mutter hat auch nie gesagt, dass andere Lebensvarianten schlechter sind als ihre. Für mich war das in Ordnung. Sie hat nicht gedrängelt. In unserer Familie reden wir in einer sehr differenzierten Art und Weise über das Leben und über verschiedene Konfliktthemen, wir haben einen sehr vertrauten Umgang miteinander.

Ansonsten bin ich in jedwedem Umfeld gefragt worden, ob ich Kinder haben will. Aber es kam nie Druck, wie: „Du musst doch irgendwann ein Kind bekommen", wie ich das von anderen Freundinnen höre, die gedrängelt werden: „Wann denn jetzt." Vielleicht habe ich den

Lesbenbonus, weil viele denken: „Da ist kein Mann, keine Ehe, kein traditionelles Familienkonzept, dann wollen die das ohnehin nicht.“ Es wurde freundlich gefragt, aber das Thema nie unangenehm vertieft. Dabei ist es für ein Frauenpaar natürlich im Prinzip einfacher, an ein Kind zu kommen, als für ein schwules Männerpaar. Da sind die armen Jungs, wenn sie denn Kinder haben möchten, total benachteiligt.

Ein Frauenbild, das überhaupt nicht umzusetzen ist

Das Stichwort Egoismus, das muss ich zugeben, löst bei mir tatsächlich ein Schuldgefühl aus. Es hat schon etwas Egoistisches, wenn ich denke: „Ich will mir den Stress nicht antun.“ Ich entscheide, dass ich kein Kind bekomme, das hier auf der Welt leben und arbeiten darf, weil es für mich zu anstrengend ist. Das ist ein wunder Punkt.

Ich treffe damit eine große Entscheidung. Genauso wie ich eine große Entscheidung treffen würde, wenn ich Kinder bekäme. Letztere wäre aber keine moralisch bessere oder richtigere Entscheidung; Kinder zu kriegen, kann oft ein Riesenfehler sein. Wobei ich hoffe, dass Menschen Kinder aus egoistischen Gründen bekommen und nicht, damit die Deutschen nicht aussterben oder wegen des Kindergeldes.

Das Egoismus-Thema beschäftigt mich also durchaus. Aber das ist nichts, wo ich total in die Knie gehe, und wenn mir das jemand anders vorwerfen würde, fände ich das unverschämt. Wütend macht mich das „Argument“, Frauen, die keine Kinder kriegen, hätten ihren Beitrag nicht geleistet. Dass viele Ehemänner in Deutschland ihren Beitrag nicht leisten – außer dass sie das Kind mit in die Welt gesetzt haben – und sich nicht um ihre Kinder kümmern, das fällt unter den Tisch.

Es ärgert mich, dass man ein Frauenbild konstruiert, das überhaupt nicht umsetzbar ist: die Idee der berufstätigen Mutter, die erfolgreich im Beruf ist und die Kinder großzieht und alles gut schafft, und die Kinder machen alle Abitur und sind total wohlgeraten. Sonst noch was? So viele Frauen kriegen das nicht hin und zerbrechen daran. Und dann kommt Kristina Schröder und schreibt was von den Freuden der Frau im eigenen Heim – da könnte ich die Knarre rausholen. Ehrlich.

Ich finde, es ist ein irrsinniger Eingriff, Menschen vorzuschreiben, wie sie ihr Leben einrichten sollen, ob und wie sie sich reproduzieren. Auf der einen Seite die Ein-Kind-Politik in China, und auf der anderen Seite hier in Deutschland eine bestimmte Form von Druckmache und Moralisieren.

Den Zivis in den Hintern kneifen

Die Frage, ob ich im Alter allein sein werde, beschäftigt mich weniger. Für unsere Eltern galt noch: Wenn der Partner mal stirbt, dann ist man ganz allein und aller Sozialkontakte beraubt, dann ist man quasi vital auf Kinder angewiesen. Aber das hat mit der Art, wie wir heute unser Leben erleben, nicht mehr so viel zu tun. Die Fokussierung auf Familie ist nicht mehr so da. Unterstützung durch Freunde und Lebenskonzepte mit Freunden spielen eine viel größere Rolle. Ich glaube deshalb, dass ich nicht allein sein werde, wenn ich alt bin, ob mit oder ohne Partnerin. Es wird in meinem Leben immer Menschen geben.

Meine Schwester sagt, wenn sie keine Kinder kriegt, geht sie mit einer Freundin ins Altenheim, und sie kneifen dort den Zivis in den Hintern, kaufen sich einen roten Pontiac, fahren durch die Kleinstadt und schnuppern ordentlich Koks. Das macht dann auch nichts mehr …

Vielfalt statt Rückschritt!

Unsere Gespräche haben gezeigt, wie unterschiedlich die Motive, Temperamente und Lebensweisen der kinderfreien Menschen sind. Wer genau hinsieht, hat die Chance, Vorurteile zu revidieren und Interessantes über unsere Gesellschaft zu erfahren.

Das Leitbild in Deutschland ist noch immer die Kleinfamilie mit zwei Kindern, Haus, Hund und Auto. An diesem Bild orientieren sich Politik und Medien fast durchgängig – bewusst oder unbewusst. Aber wir leben im 21. Jahrhundert. Heute gibt es viele Menschen, die allein wohnen, aber in einem dichten Netzwerk aus Freundschaften zu Hause sind. Die in Wohngemeinschaften leben oder mit ihrer Liebesbeziehung zusammen. Die schwul oder lesbisch sind, oder heterosexuell, aber trotzdem nicht ein Leben wie aus dem Musterhauskatalog führen wollen. Die in Patchworkfamilien leben, die Kinder ihrer PartnerInnen mit großziehen. Die ihre Wurzeln in verschiedenen Ländern haben und ihre Erfahrungen mitbringen und teilen möchten.

Jeder Mensch hat ein Recht darauf, zu leben, wie er es möchte. Dazu gehört, ob er – und vor allem sie – Kinder haben möchte oder nicht. Diese Entscheidung fällen zu können, ist eine zivilisatorische Errungenschaft, die gar nicht hoch genug bewertet werden kann. In diesem Land wurde Menschen dieses Recht schon einmal auf furchtbare Weise verwehrt: Während des Nationalsozialismus gab es den Slogan „Kinderarmes Volk = verlorenes Volk“, während gleichzeitig etwa 400.000 Menschen zwangssterilisiert wurden, deren Nachkommen man nicht wollte. Auch wenn wir die heutige Zeit natürlich keinesfalls mit einer faschistischen Diktatur vergleichen wollen – es geht bei der Aufforderung „Bekommt mehr Kinder“ durch alle Zeiten immer mehr oder weniger offen um die Aufforderung an die „Richtigen“, sich zu vermehren, um den unterschiedlichen Wert von Menschen. So wie erst kürzlich der unselige Thilo Sarrazin in seinem Buch vorschlug, Akademikerinnen unter 30 Jahren eine Prämie in Höhe von 50.000 Euro für jedes Kind zu zahlen.[1]

Natürlich ist es Aufgabe der Politik, sich Gedanken darüber zu machen, wie sie verantwortlich mit dem demografischen Wandel umgehen kann; wie sie die Sozialsysteme stabil hält, sodass alle Menschen in Deutschland auch in 20 und 50 Jahren eine gute Gesundheitsversorgung und eine Absicherung im Alter genießen können. Aber die Rede von der „demografischen Katastrophe“, verbunden mit der Aufforderung vor allem an deutschstämmige, gut ausgebildete Frauen, doch bitteschön mehr Nachwuchs in die Welt zu setzen, ist nicht nur keine Lösung des Problems – sie geht am Problem komplett vorbei. Wir sind immer wieder erstaunt, wie sehr sich Politikerinnen und Politiker an das Alte klammern und offenbar denken, wenn alles so sei wie vor 50 Jahren, sei alles wieder in bester Ordnung. Und wie wenig Freude daran zu spüren ist, dass es so unterschiedliche Frauen und Männer mit vielfältigen Bedürfnissen und Talenten gibt, für die

1 Thilo Sarrazin: Deutschland schafft sich ab. Deutsche Verlags-Anstalt 2010, S. 389/390. Der Literaturkritiker Denis Scheck hat das Buch in seiner ARD-Sendung „Druckfrisch“ vom 28.11.2010 mit dem schönen Satz kommentiert: „Ich möchte lieber aussterben als in einer Sarrazin-Welt leben“. *http://mediathek.daserste.de/sendungen_a-z/339944_druckfrisch/5914218_denis-scheck-kommentiert-die-aktuelle-sachbuch*

eine Politik des 21. Jahrhunderts flexibler und klüger sein muss, als sie ist.

Schon 1930 charakterisiert Erich Kästner in seinem wunderbaren Gedicht „Patriotisches Bettgespräch" die zeitgenössische Debatte so, wie sie heute unverändert geführt wird: „Hast Du, was in der Zeitung stand, gelesen? / Der Landtag ist mal wieder sehr empört / von wegen dem Geburtenschwund gewesen. / Auch ein Minister fand es unerhört." Und an späterer Stelle: „Geburtenrückgang – hat er noch gesagt – /sei, die Geschichte lehrt es – Deutschlands Ende."[2]

Wollen wir nicht endlich mal andere Debatten führen? Zum Beispiel:

Was wünschen sich Frauen und Männer zwischen 20 und 50, wie wollen sie leben, was haben sie für Ziele? Wünschen sie sich Kinder oder nicht? Wenn sie sich Kinder wünschen: Welche Bedingungen müssten dafür erfüllt sein? Das fragen Politikerinnen und Politiker viel zu selten.

Deutschland ist ein reiches Land, das – trotz Krise – immer reicher wird. Es sind politische Entscheidungen, die dazu geführt haben, dass das gesetzliche Rentensystem ausgehöhlt wurde, anstatt auf breitere Füße gestellt zu werden. Dass Gutverdienende sich aus den sozialen Sicherungssystemen verabschieden können. Dass viel zu viele Menschen keinen würdigen Lohn für ihre Arbeit erhalten, von dem sie sich und ihre Familien ernähren sowie ordentlich Steuern und Sozialbeiträge zahlen könnten. Dass so viele Kinder in diesem reichen Land in Armut leben. Hier sehen wir dringenden Handlungs-

2 Erich Kästner: Patriotisches Bettgespräch, in: ders.: Gedichte. Büchergilde Gutenberg, 7. Aufl., Frankfurt am Main 1997, S. 257

bedarf – und nehmen die Debatte darum, was Akademikerinnen mit ihren Bäuchen tun sollen, als Scheindebatte wahr, die davon ablenken soll, dass in diesem Land immer mehr Geld von unten nach oben umverteilt wird. Mal ganz abgesehen davon, dass selbstbestimmte Entscheidungen von Frauen in der Debatte gar nicht mehr vorkommen. Da waren wir schon mal weiter. Und auch Männern wird es schwer gemacht, Lebensentwürfe zu entwickeln, die jenseits des Berufs mehr Freiraum für FreundInnen, Engagement und Familie lassen.

Der Mensch soll niemals nur Mittel zum Zweck sein. Dieser alte Satz der Aufklärung ist immer noch brennend aktuell. Menschen sind nicht nur potenzielle Eltern. Jede Bürgerin und jeder Bürger dieses Landes hat ein Recht auf freie Entfaltung seiner Persönlichkeit und auf akzeptable politische und gesellschaftliche Rahmenbedingungen. Wie die aussehen sollen, ist Sache eines demokratischen Willensbildungsprozesses.

Wir wollen ein buntes, lebendiges, vielfältiges Land. Wir wollen uns dafür auf unsere Weise einsetzen. Wir wollen gute Bedingungen für Kinder und Erwachsene – und die Freiheit für uns selbst, so zu leben, wie es uns entspricht. Wir hoffen, dass dieses Buch dazu beitragen kann, die Vielfalt der Lebensentwürfe hier und heute als Geschenk zu sehen – für uns alle.

Zum Weiterlesen

Beck-Gernsheim, Elisabeth: Die Kinderfrage heute. Über Frauenleben, Kinderwunsch und Geburtenrückgang. München: C.H. Beck Verlag 2006

Bundesinstitut für Bevölkerungsforschung (Hg.): (Keine) Lust auf Kinder? Geburtenentwicklung in Deutschland. Wiesbaden 2012

Bundesinstitut für Bevölkerungsforschung/Höhn, Charlotte/Ette, Andreas/Ruckdeschel, Kerstin: Kinderwünsche in Deutschland. Konsequenzen für eine nachhaltige Familienpolitik. Stuttgart: Robert Bosch Stiftung 2006

Bundeszentrale für gesundheitliche Aufklärung (Hg.): frauen leben. Eine Studie zu Lebensläufen und Familienplanung. 2. Auflage, Köln 2002

Bundeszentrale für gesundheitliche Aufklärung (Hg.): Kontrazeption, Konzeption, Kinder oder keine. Dokumentation einer Expertentagung. Köln 1996

Bundeszentrale für gesundheitliche Aufklärung (Hg.): männer leben. Studie zu Lebensläufen und Familienplanung – Vertiefungsbericht. Köln 2006

Carl, Christine: Leben ohne Kinder. Wenn Frauen keine Mütter sein wollen. Reinbek bei Hamburg: Rowohlt Taschenbuch Verlag 2002

Correll, Lena: Anrufungen zur Mutterschaft. Eine wissenssoziologische Untersuchung von Kinderlosigkeit. Münster: Verlag Westfälisches Dampfboot 2010

Haas, Inka: Gebärstreik. Frauen gegen den staatlich verordneten Muttermythos. Frankfurt am Main: dipa-Verlag 1998

Hondrich, Karl Otto: Weniger sind mehr. Warum der Geburtenrückgang ein Glücksfall für unsere Gesellschaft ist. Frankfurt am Main: Campus Verlag 2007

Huber, Nicole: Kinderfrei oder warum Menschen ohne Nachwuchs keine Sozialschmarotzer sind. München: Herbig Verlag 2011

Keil, Günter u. a.: Generation Kinderlos. Jenseits von Zeugungsstreik und Gebärzwang. München: Pantheon Verlag 2008

Konietzka, Dirk u. a. (Hg.): Ein Leben ohne Kinder. Kinderlosigkeit in Deutschland. Wiesbaden: VS Verlag für Sozialwissenschaften 2007

Maier, Corinne: No Kid. 40 Gründe, keine Kinder zu haben. Reinbek bei Hamburg: Rowohlt Verlag 2008

Neuwirth, Barbara (Hg.): Frauen, die sich keine Kinder wünschen. Eine liebevolle Annäherung an die Kinderlosigkeit. Wien: Wiener Frauenverlag 1988

Pohl, Ines (Hg.): 50 einfache Dinge, die Sie tun können, um die Gesellschaft zu verändern. Frankfurt am Main: Westend Verlag 2011

Reinhardt, Susie: FrauenLeben ohne Kinder. Die bewusste Entscheidung gegen die Mutterrolle. Kreuzlingen/München: Ariston Verlag 2003

Roggenkamp, Viola: Frau ohne Kind. Gespräche und Geschichten einer Tafelrunde. München: Piper Taschenbuch Verlag 2005

Safer, Jeanne: Kinderlos glücklich. Wenn Frauen keine Mütter sind. München: Deutscher Taschenbuch Verlag 1998

Sichtermann, Barbara: Vorsicht Kind. Eine Arbeitsplatzbeschreibung für Mütter, Väter und andere. Berlin: Verlag Klaus Wagenbach 1982

Stock, G. et al: Zukunft mit Kindern. Fertilität und gesellschaftliche Entwicklung in Deutschland, Österreich und der Schweiz. Frankfurt am Main: Campus Verlag 2012

Vinken, Barbara: Die deutsche Mutter. Der lange Schatten eines Mythos. Frankfurt am Main: Fischer Taschenbuch Verlag 2007

Ziebell, Lindy, u. a.: Lebensplanung ohne Kinder. Frankfurt am Main: Fischer Taschenbuch Verlag 1992